ハヤカワ文庫NF

〈NF425〉

ハーバード式「超」効率仕事術

ロバート・C・ポーゼン

関 美和訳

HAYAKAWA NONFICTION

EXTREME PRODUCTIVITY

Boost Your Results, Reduce Your Hours

by

Robert C. Pozen

Translated by
Miwa Seki
Published 2015 in Japan by
HAYAKAWA PUBLISHING, INC.
This book is published in Japan by
arrangement with
HARPER COLLINS PUBLISHERS
through JAPAN UNI AGENCY, INC., TOKYO.

たくさんの愛と支えをくれた子供たち、ジョアンナとデビッドへ

目次

ハーバード式「超」効率仕事術

はじめに

どうしたらそんなに多くのことをこなせるんですか、とよく聞かれる。この五年間、私はほぼずっとふたつのフルタイムの仕事を掛け持ちしてきた――ＭＦＳインベストメント・マネジメントの会長を務め、ハーバード・ビジネススクールでも常勤で教鞭をとっていた。そのほかに、上場企業二社（メドトロニック社とニールセン・カンパニー）の取締役になり、医療財団（コモンウェルス・ファンド）と医学研究所（ハーバード神経学研究所）の理事も務めてきた。さらに、本書を含む三冊の本を執筆し、新聞や雑誌におよそ一〇〇本にのぼる記事も発表している。その間も、三五年連れ添ってきた妻やふたりの子供と強い絆を保ち、各方面の友人や親戚とも仲良くやってきた。

こうして同時に複数の役割を担うことを私は特別だと思わなかったが、《ハーバード・ビジネス・レビュー（ＨＢＲ）》の編集者は興味をそそられたらしく、生産性を上げるための秘密のレシピを教えてほしいと取材を申し込まれた。そのインタビュー記事がブログ界で大きな話題になると、HBRの編集者から私の生産性向上法のエッセンスを短くまとめた記事を書いてほしいと依頼された。その記事には、さらに熱い反響が寄せられた。空港で見も知らぬ人から呼び止められて生産性について話し合ったり、MITの教授から読書の効率が上がったとお褒めの言葉をいただいたりした。

しかし、その記事では、個人の生産性について私が言いたいことの表面をなぞるくらいしかできなかったので、本書を執筆することにした。これまでのキャリアにおける私の生産性を振り返ってみると、いくつもの習慣や手法が成功の助けになってきたことは間違いない。だが、それよりも決め手になったのは、キャリアの初期に、勤勉さと念入りな計画だけでは成功できないと気づいたことだ。もちろんそのどちらも大切ではある。が、成功を左右するのは、おおかたのところ正しい心構えである。それは、働いた時間より、達成したい結果に目を向けるということだ。企業にとっても、顧客にとっても、また仕事仲間にとっても、結果がなにより大切なのである。

個人の生産性とはなにか?

では、私がなにをもって「個人の生産性」と言うかから、話を始めよう。個人の生産性とは、「あなた自身が立てた目標を、量と質の両面でどれだけ達成できたか」ということだ。あなたがなにを目標にすべきかは私には決められないが、目標を明確に表わし、優先順位をつけなければならないことだけは確かである。いの一番に出世の階段をのぼりたい人もいれば、家庭と仕事を両立したい人もいるだろう。どちらにしても、同じ時間でより多くを成し遂げられれば、得をするはずだ。

この本は、人生を成功に導く新たな哲学を説くものではない。包括的な生産性向上のシステムを取り入れよと強いるものでもない。ただ、仕事の効率を上げるための具体的かつ実践的なアドバイスを書いたものだ。自分にもっとも役立ちそうなテクニックをみなさんが選択してくれれば幸いである。

本書は、たとえばファイル整理などの日常業務に焦点をあてた、よくある時間管理のハウツー本などよりもはるかに広い範囲を網羅している。時間管理は生産性の大切な要素だが、すべてではない。生産性の向上を助けようと思えば、本書のように、より幅広いトピックを取り上げることが必要になる。たとえば、キャリアの目標設定や、文章術といったスキルの向上に触れざるを得ないのだ。

なによりも、本書の根底にある目的は、読者にこれまでと違う心構えを持つよう強く促し、具体的なテクニックを奨励することだ。すでに述べたように、多くを成そうと思えば、勤務時間ではなく、達成したい結果に目を向けなければならない。残念ながら、この心構えは会計事務所や法律事務所での請求時間の制度とは相いれず、たいていの職場での勤務時間重視の慣習にも反するものだ。

最後に、本書は根拠なき精神論を売り込むものではない。一八三〇年代には、特定の食事法に従い、硬いベッドで眠り、禁欲することが成功の秘訣だと説く本もあった。最近では、短いミーティングをたくさんこなす方法や、週に数時間働くだけのお手軽な方法を勧める本もある。本書にはそうした奇跡の解決法は書かれていない。私のアドバイスのほとんどは、厳格な思考と規律ある行動を長期にわたって続けることを説くものだ。

具体的かつ実践的なアドバイス

本書は五部構成で、それぞれふたつから三つの章に分かれている。各章の終わりに、具体的かつ実践的なアドバイス――心に留めておくこと――をまとめた。

・パート1では、本書を貫く三つの柱となる考え方――目標を設定し優先順位を明確にすること、最終的な結果を念頭に置くこと、雑事に手間をかけないこと――を紹介する。

・パート2では、読者のみなさんが着実に短期目標を達成することを手助けする。各章で、日課の維持、出張の段取り、効率的な会議運営の方法を紹介する。

・パート3では、プロフェッショナルとしての成功に欠かせない、三つの個人的なスキルを磨く方法を紹介する。読解力、文章力、スピーチ力を高める方法を、各章で展開していく。

・パート4では、組織のなかでの生産性向上への障害を乗り越える方法を紹介する。仕事を任せて部下をマネジメントすること、いい関係を保って上司をマネジメントすることを各章のテーマにしている。

・パート5では、長期的視点に立った仕事選びのフレームワークを提示する。選択肢をもっとも広げる方法、変化の激しい世界で成功する方法、家庭と仕事を両立する方法を、それぞれの章で紹介する。

知的労働者のための生産性向上の手引き

本書はすべてのプロフェッショナル――頭を使って仕事をする人たち――のためのものである。会計士、コンピュータ・プログラマ、医師、エンジニア、投資銀行家、弁護士、マーケター、心理学者、不動産仲介者、小売業者、科学者、教師などに向けて書かれたものだ。本書の事例の大半は営利企業のものだが、その教訓は、非営利団体、教育界、政府といった営利企業以外の組織にも当てはまる。時間配分、会議運営、頑なな官僚主義への対処といった問題の多くは、どんな組織で働いていてもおそらく遭遇するものだ。

本書の五つのパートはどれも、すべてのプロフェッショナルに向けて書かれているが、キャリアの特定の段階にいる人々にとくに役立つ章もある。仕事を始めたばかりなら、キャリアプランニングやビジネス文の書き方にとくに興味を持つかもしれない。企業内で上を目指す読者なら、上司や部下をマネジメントする方法に関心があるかもしれない。経営幹部なら、効率的な出張法やスピーチの上達法が気になるかもしれない。本書からもっとも多くを引き出すには、あなたのいちばん気になる部分を読み込んでもらえるといい。

私自身の道のり――どのようにして多くの成果をあげられるようになったか？

パート1に入る前に、私自身がどのように多くの成果をあげるようになったかを、生い立ちから話したい。私は、多くの生産性の大家とは違い、この分野のコンサルタントではない。私自身は、多様な組織でのさまざまな仕事の経験を通して、生産性向上のテクニックを身につけてきた。のちに経営的な立場に立ってからは、大企業の経営資源に頼れるようになった。しかし、若いころには、自分の力だけが頼りだったこともあれば、同僚の力を借りたことも、難しい上司の下についたこともあった。

私はしつけの厳しい家庭で育った。父は高校も出ていない、男性用の下着とシャツの行商人だった。父のキャリアの頂点は、第二次世界大戦中に陸軍士官として特殊任務についたことだった。行商で一週間家を空けたあとに帰宅すると、父は家中をくまなく見て回り、軍隊時代のように、すべてのものが収まるところに収まっているかを調べていた。

父は行き過ぎといえるほど規律にうるさく、母の方がどちらかというと生産性のよいお手本だった。母はいつも家庭がスムーズに回るよう取り計らい、機器リースの会社で簿記係として働いていた。経済的な理由から大学には行けなかったが、母は非常に優秀な管理者だった。そして私とふたりの兄（ふたりとも心臓専門医になった）に高い教育を受けさせるために必死に努力した。

ブリッジポートからハーバードへ

小学校はごく普通だったが、中学では荒れた環境に放り込まれた。そこでは、私は悪賢い奴らをあしらい、安全と効率をおびやかす状況から抜け出す術を身につけた。ある日、校庭に立っていると、アル——七年生で同じクラスの一五歳のいじめっ子——が近づいてきた。アルは、「守ってほしければ」毎週金曜のホームルームにチョコレートを持ってこいと言った。「なにから守るの？」と私が無邪気に聞くと、「俺からだ。金曜の工作の教室にはハンマーがいっぱいあるからな」と言った。

そこで私は、「アル、君ってすごくバスケが上手だよね」と言った。アルが腕自慢を始めたので、一対一で勝負してみないかと彼に挑戦した。こう持ちかけたのだ。「君が勝ったら僕が毎週金曜にチョコレートを持ってくる。でももし僕が勝ったら、君が持ってくるんだよ」。幸運にも私は賭けに勝ち、アルは私にちょっかいを出さなくなったが、チョコレートを要求する勇気は結局ないままだった。

高校一年のとき、はじめて父が失業した。プライドは高いが学歴のない父が職探しをする姿を見ているのはつらかった。そこで、私も少しは家計の足しになろうと努めた。高校時代はずっとバスケットボール部とテニス部で活動しながら、ふたつの仕事を掛け持ちした。火曜と木曜と土曜には地元のユダヤ教会でヘブライ語を教えた。月曜と水曜と金曜は本屋で在庫整理を行なった。

やることの多かった私は、必要に迫られて時間を有効に使うことを覚えた。幸か不幸か、私の高校は学業面では甘かったので、放課後は忙しかったのですが、若いころから複数のことを掛け持ちすることを覚え、退屈な授業中にこっそり宿題を終わらせていた。

高校はかなり荒っぽい場所で、生徒の多くは大学に進まず、授業の質もおおかた低かった。おかげで、独力で学ぶしかなかった。しかし、そのスキルが、のちに大学や仕事で非常に役立った。私は、教師や監督者の指導をほとんど受けずに、自力で問題を分析し、解答を見い出す学習法を身につけたのである。

たとえば、私の高校では同じ教師が生物、化学、物理などのすべての理科系課目の授業を受け持っていた。そしてすべての課目で、同じ授業法をとっていた。まず、授業のはじめに問題を一〇問から二〇問割り当て、終礼までに解答を提出するよう指示する。そして先生は教室を出る。生徒は自分たちで教科書中の関連ページを見直し、争点を論じ、割り当てられた問題を解こうとする。偶然にも、私たちは効率のいい学習モデルに出会っていたのだ。それは、少人数のグループが、対話を通して一般的な概念を目の前の個別具体的な問題に当てはめるモデルだった。

高校時代、私を励ましてくれる先生がいた。英語教師のミス・ヘレン・シントだ。彼女は私の大事な指導者となり、私がキャリアを考える手助けをしてくれた。読むべき本を推奨し、私の作文を隅ずみまで添削してくれた。彼女が自信と勇気を与えてくれたおかげで、私はハーバードに出願し、幸運にも多額の奨学金と学資ローンを与えられて合格した。

ハーバードに入学した私は、生まれてはじめて社会階層の壁にぶつかった。学生のおよそ半数は私立学校の出身で、それ以外の学生の多くも裕福な郊外の高校を出ていた。学友たちの学業面の準備と物質的な豊かさに私は怖気づき、自分の学習方法をさらに高めようと心に決めた。

学友の多くには勉強や友達づき合いの時間がふんだんにあったが、私は在学中もずっと仕事を続けなければならなかった。夜は図書館司書として働き、コンピュータによるお見合いサービスのマーケティングをしたり、ボストンのコンサルティング会社のためにオフィスを探したりもした。いくつもの仕事を掛け持ちしながら複数の課目を専攻するためには、常に最終的な達成目標を念頭に置いて、素早く読み書きしなければならなかった。私は大学新聞の《ハーバードクリムゾン》に論説を書き、ローウェル寮のバスケットボール部のキャプテンを務めながら、最優秀の成績で大学を卒業した。

卒業後は、ビジネスの道に進もうとは思わなかった。一九六〇年代に起きていたふたつの大きな社会運動に魅せられていたからだ。ひとつは公民権運動で、もうひとつはベトナム戦争への反対運動である。関心事をより深く追求するために、イエール大学のロースクールに入学し、奨学金と学資ローンのほかに教師の仕事もしながら学費を賄った。ロースクールでは、《イエール・ロージャーナル》の編集委員を務め、非営利の住宅供給団体に力を貸した。生まれたての「法と経済」の分野に魅力を感じ、金融規制への興味がふつふつと湧いてきた。そうした忙しい日々のなかで、私は効率的な時間管理のエキスパートになっていった。

大学院を出ると、そのままジョージタウン大学とニューヨーク大学で「法と経済」の課目を教えることになった。学者としての四年間に、私は二冊の著作を出版し、金融規制に関する数本の論文を執筆した。教えることを楽しんだものの、学者としての私の業績はあまり実践には役立たないようだった。最後の論文の注釈が本文よりも長くなったところで、私は観念してワシントンDCに移り、証券取引委員会（SEC）の準法律顧問になった。

私にとって、政府の官僚組織ははじめての経験で、そこではたくさんの人たちがあらゆる決定に口をはさみたがった。そこで、規制の提案に対するすべての部署からの意見を調整できるような手続きを考案した。その間にも、長々しい文書をななめ読みして、委員会で議論すべき重要課題を抜き出す技術を身につけた。

その後、養う家族が増えた私は、ワシントンDCの法律事務所キャプリン&ドリスデールでパートナー弁護士になった。そこでは、金融機関相手の弁護士として成功したものの、時間で報酬を請求する制度にショックを受けた。問題を短時間で解決すると、それだけ報酬が少なくなってしまう！　クライアントの仕事の方が面白そうに見え、そちら側なら自社株式を保有することもできた。反対に、弁護士の報酬は働いた時間だけに制限され、仕事の予定もクライアントの気まぐれに左右された。

大きな転機が訪れたのは一九八六年だった。投資顧問会社のフィデリティ・インベストメンツが新しい法律顧問を探していて、私は家庭の事情からボストンに住むことを望んでいた。何度も面接を受けたあと、フィデリティの会長であるネッド・ジョンソンとふたりきりの夕食に招かれた。デザートが近づくころにやっと、仕事の詳しい内容を教えてもらえないだろうかとネッドに切り出した。すると、ネッドはこう答えたのだ。「仕事内容？簡単だ。やるべきことを見つけて、それをやるだけだ」。私はその場で申し出を受けた。

フィデリティで私は昇進し、社長兼副会長を務め、二〇〇一年末に退職した。ここでは、高度に分散され、起業家精神が強く保たれた組織での生産性について学んだ。ネッドが新規事業、たとえば通信事業を始めるときには、新会社を作り、管理職にその所有権を持たせていた。私もネッドのやり方を見習った。投資チームが大きくなると、それをどんどん小さなチームへと分割していった。成長株と低位株、中小型株と大型株、といったように。

フィデリティでのキャリアが終わりに近づくころ、公共政策議論にもっと自分の意見を反映させたいと思い始めた。しかし、本業は本業で、ストレスの多い仕事だった。そこで、週日の昼間は本業関連の複数の業務に取り組み、政策関連のプロジェクトは週末に行なうことにした。フィデリティでの最後の年には、ミューチュアルファンド業界についての教科書を執筆し、社会保障強化のための大統領諮問委員会の委員も務めた。

この一〇年は複数の業務というより、複数の職業を掛け持ちするようになった。二〇〇三年には、ハーバード・ロースクールで教鞭をとり、当時マサチューセッツ州知事だったミット・ロムニーのもとで経済対策長官を務めた。三〇億ドルもの財政赤字を抱えた知事から、いわゆる「スーパー長官」として州の経済関連の行政機関を監督してほしいと要請されたのだ。私は州政府について多くを学んだ。危機は変化の促進剤だということも、そのひとつだ。我々は、主に歳出削減によって一年間で財政赤字を解消した。それと同時に、公共施設の利用料を上げたり税金逃れの抜け穴をなくしたりして、税率を変えずに歳入を増やすことにも成功した。

二〇〇四年、私はハーバード・ロースクールでの教職を終え、MFSインベストメント・マネジメントの会長に就任した。当時、SECによる大々的な強制処分の後遺症からの立て直しを目指していた新CEOのロブ・マニングから誘いを受けたのだ。ロブと私は強力なタッグを組み、責任をはっきりと分担した。ロブはミスター社内担当として主要業務――投資担当者、バックオフィス、財務など――を監督する。私はミスター社外担当として、規制当局や基金の責任者や機関投資家に対処する。その組み合わせは非常にうまく機能した。優秀な経営陣の助けを得て、MFSの預かり資産は八年間で二倍になった。

MFSでの仕事が落ち着いてきたころ、私は特定の公共政策についての議論に積極的に参加するようになった。たとえば、二〇〇五年には社会保障の健全性を回復するための進歩的な提言をまとめた。また、二〇〇七年から二〇〇八年にかけては、業績開示の改善に関するSECの諮問委員会の委員長を務め、数多くの提言を含んだ包括的な報告書を発表し、それらの提言は実際に採用されている。この成功の秘訣は、途中で中間報告を発表し、提言の原案について関係各庁から有益なフィードバックを得たことにあった。

私の生産性向上の道のりについてはここまでにして、ここからは読者のみなさんの出番である。本書が、キャリアのどの時点にいる人にとっても、より短時間でより多くのすばらしい成果を出す助けになることを願うばかりだ。また、今後も引き続き、www.bobpozen.com にブログを書き、新しい記事も掲載していくつもりである。

part 1
いちばん大切な三つの考え方

私はこれまでの長いキャリアのなかで、次の三つの考え方を取り入れれば、生産性を最大限に高められることを学んだ。

・目標を明確に表わし、優先順位をつける。これが、優先順位に従って時間を配分する助けになる。

・最終的な結果を念頭に置く。優先順位の高いプロジェクトに取り組むときは、早い段階でたたき台となる仮説を立て、それを指針にする。

・雑事に手間をかけない。優先順位の低いことは、できるだけ時間を使わずに片づける。

第一章　目標を設定し、優先順位をつける

エグゼクティブはみな、次から次に会議や危機対応に追われ、なぜそんなに忙しいのかを深く考えてみる暇もない。そうした人たちの多くは、「なにかをしている」ことに満足している。優先順位を顧みることをしないのだ。もっぱら、「構え、撃て、狙え!」といったやり方でものごとに対処する。自分の予定を会社に支配されて身動きのとれない人もいれば、外からの「緊急事態」に対処することにほとんどの時間を費やす人もいる。

その結果、高い志を持った精力的な人々でさえ、自分のもっとも大切な目標をかなえるための活動にほとんど時間を使うことができない。能力は高いのに、仕事の優先順位と時間配分がまったく合っていないのである。

キャリアの目標がなんであれ、まずは行動の理由とそこからなにを得たいのかをじっくり考えてみる必要がある。本章では、読者のみなさんに優先順位にそった目標の設定を行

なってもらい、実際の時間配分がその優先順位に従っているかを見ていこうと思う。これは、次の六段階から成るプロセスだ。

1　キャリアの目標をかなえるために行なっている現在の活動と計画中の活動をすべて書き出す。

2　書き出したことを時間軸で分類する。キャリアの長期目標。年間の中期目標。週間の短期目標。

3　中期目標を重要性の順にランクづけする。このとき、会社や上司が望むことと自分が望むことの両方を考慮に入れる。

4　短期目標を重要性の順にランクづけする。中期目標の達成を助ける短期目標と、任された仕事の両方をこのなかに入れる。

5　自分が実際にどう時間を使っているかを思い出し、短期と中期の目標の優先順位と比べてみる。

6　目標と時間配分のミスマッチの理由を認識し、対処する。

1　すべてを書き出す

すべき仕事を一枚か二枚の紙に全部書き出してみる。たとえば報告書のファイリングや文書の見直しといった、毎日または毎週行なう日常業務も全部書き出す。任された長期プロジェクトもここに入れる。

しかし、ここで終わってはいけない。緊急事態への対処とだれかに頼まれた仕事への対応にすべての時間を使っていたら、いつまでたっても進歩はない。そこから抜け出すためには、自分がなにをしたいのかを考える必要がある。たとえば、キャリアアップといった長期的な目標だ。あるいは、新しいスキルを身につけることや、より多くの同業者と知り合うといった、短期的な目標でもいい。任された仕事を書き出した紙に、そうしたキャリアの夢や目標を加えてみよう。ここで仕事と目標を分ける必要はない。とにかく全部書き出してみること。整理するのは次の段階だ。

ここでは、大手家電量販店の管理職を想定してみよう。この人物を、仮に「ジョシュア」と呼ぶことにする。以下のリストに、ジョシュアが達成すべき——または、取り組みたい——一三の項目を書き出した。本章では、ジョシュアの例を使って優先順位をどのように設定するかを示していこうと思う。

ジョシュアのリスト

販売員の人数を増やす
利益を一五パーセント伸ばす
地域の歴史記念日に参加する
家電量販チェーンの経営陣に入る
製品展示会に出席する
快適な顧客体験を作り出す
販売報告書を毎週上司に提出する
インテリアデザイナーを雇う
小売業界の人たちに会う
地域店長たちに会う
きれいなオフィスに移る
地域に密着したマーケティング戦略を練る
販売員の評価基準を見直す

このリストでは、できるだけ広い範囲を網羅した方がいい。ポイントは、すべての仕事と目標を書き出すことだ。重要度は後ほど判断することにしよう。書くことがなくなったら、このまま本書を読み続けてほしい。そのうちに、また思いつくことがあるだろう。

2　時間軸で分類する

次に、リストを次の三つに分類する。長期のキャリア目標（五年以上）、中期目標（三カ月から二四カ月）、短期目標（一週間以内）。この分類にきちんと収まらない目標もあるだろう。その場合は、ケースバイケースで考える。比較的短い時間で達成できる簡単な目標なら、短期の目標に分類する。たくさんの面倒な段取りが必要な時間のかかるものなら、中長期の目標に分類する。

・**長期目標（キャリアの目標）**　少なくとも五年後より先の長期的なキャリアの目標をここに入れる。たとえば、司法試験に受かったばかりの若者なら、判事や検事、企業の法律顧問、大手法律事務所のパートナー弁護士などだ。三つすべてという場合もあるだろう。

長期（キャリア）目標	中期目標（オブジェクティブ）	短期目標（ターゲット）
家電量販チェーンの経営陣に入る	利益を15パーセント伸ばす 快適な顧客体験を作り出す 小売業界の人たちに会う きれいなオフィスに移る	販売員の人数を増やす 地域店長たちに会う 地域の歴史記念日に参加する 製品展示会に出席する 販売報告書を毎週上司に提出する インテリアデザイナーを雇う 地域に密着したマーケティング戦略を練る 販売員の評価基準を見直す

表1　時間軸による分類

・**中期目標（オブジェクティブ）**　今後三カ月から二年後の仕事上の目標をここに入れる。その多くは中間の作業が必要なものだ。たとえば、ＩＴシステムのプロジェクトを完成させること、製品の売上を倍増すること、組織構造を改めることなどである。

・**短期目標（ターゲット）**　ここに入るのは、日ごとや週ごとの活動目標だ。たとえば、短い報告書を書くこと、顧客の問題を解決すること、大きなプロジェクトの一部分を完成させることなどである。

次に、それぞれの「中期目標」に関係する「短期目標」がひとつかふたつあることを確認しよう。中期目標につながる短期目標がない場合には、その中期目標の達成を助ける行動を考え、それを短期目標のリストに加える。たとえば、「ある製品の売上を倍増する」ことが中期目標なら、大手業者に会って売り込みをかけることが翌週の短期目標になるかもしれない。翌年の終わりまでに調査論文を発表する中期目標のために、研究への助成金の申請書を書くことを短期目標にしてもいい。ジョシュアの長・中・短期目標は表1のように分類される。

目標を三つに分類したら、長期のキャリアの目標はとりあえず脇に置いておく。総合的なキャリアプランニングは複雑なプロセスなので、本書のパート5で詳しく述べることにする。ここでは中期と短期の目標――オブジェクティブとターゲット――に目を向ける。みなさんがどのように毎日の時間を使うべきかが、ここで決まるのである。

3　中期目標（オブジェクティブ）の優先順位を決める

中期目標の優先順位を決めるのは、ひとまず後まわしにしておこう。まず、自分がしたいこと、得意なこと、そして周囲があなたに求めていることから考えてみる。この三つはまったく異なるものだ――しかもそれらが相反する場合もある。

自分がしたいこと　先ほど述べたように、優先順位をつけるうえで個人の嗜好はきわめて大切だ。たとえば、新製品の開発に意欲を燃やしているなら、その目標を上位にすべきである。とはいっても、好き嫌いだけで決めてはいけない。

得意なこと　これは競争優位の原則と言ってもいい。「自分が他人よりうまくできることはなにか?」「どの目標が自分の長所を活かせるか?」と自問してみよう。新製品を開発したいと真剣に望んでいても、その成功に必要な科学の専門知識がないかもしれない。どちらかというと「人づき合いの上手な」タイプで、他者をやる気にさせたり、顧客と一緒に問題を解決することに優れている人もいる。個性や専門技能といった、目標の達成に必要な競争優位性があるのなら、その目標を優先順位の上位に位置づけるべきである。

周囲があなたに求めること　残念ながら、供給側——あなたがしたいことと得意なこと——だけを見ていたのでは、生産性は上がらない。需要側——周囲が、組織が、上司がいちばんあなたに求めていること——を考える必要がある。たとえば、あなたに新製品を開発する能力があるとしても、会社がそれを必要としているとはかぎらない——既存製品の問題解決が今すぐ必要かもしれない。したがって、「自分がなにをすることが組織にいちばん必要か?」を自問しなければならない。

これは、よく考えてみないと答えの出ない問題だ。別の紙に、あなたの組織または部署の最大の中期目標をふたつか三つ書き出してみてほしい。業績評価に使われる基準を思い出そう――利益なのか、研究パイプラインに組み入れる新薬の数なのか。その基準に照らした成功を直接間接に助けるために、いまの仕事のなかであなたができることはなんだろう？　顧客訪問にもっと時間をかけた方がいいのか？　退職者のかわりに優秀な人材を採用すればいいのか？

経営幹部の中期目標の優先順位は、組織のそれとほぼ一致していなければならない。もし翌年までに中南米に事業拡大することが会社の中期目標なら、経営陣もその目標に高い優先順位をつけるべきである。しかし、組織の上層部でなくとも、社員の中期目標は企業のニーズとある程度一致していなければならない。たとえば、ある中間管理職が営業パンフレットの文章を書くことに優れているとしよう。だが、会社がその人の部署に求めているのは法令順守マニュアルの手直しである。その人がこの会社で成功したければ、新しい営業パンフレットの作成よりも、法令順守マニュアルの手直しに高い優先順位をつけるべきだろう（もしそれが難しいようなら、つまり法令順守マニュアルの見直しがいやでたまらず営業パンフレットを作りたくて仕方がないなら、働く部署か会社を間違っていることになる。それなら、中期目標のリストに「仕事を変えること」とつけ加えた方がいい）。

また、上司がなにを望み、なにを必要としているかを考えるべきである。組織のどの階層にいても、あなたの上司はそのまた上司からのプレッシャーを感じている――それは、

自分の目標	重要性
・小売業界の人たちに会う ・快適な顧客体験を作り出す ・利益を 15 パーセント伸ばす	10：利益を 15 パーセント伸ばす ・組織の目標 ・上司の目標 ・自分の目標
組織の目標 ・快適な顧客体験を作り出す ・利益を 15 パーセント伸ばす	8：快適な顧客体験を作り出す ・組織の目標 ・自分の目標
上司の目標 ・利益を 15 パーセント伸ばす ・きれいなオフィスに移る	5：小売業界の人たちに会う ・自分の目標
	1：きれいなオフィスに移る ・上司の目標

重要度

表 2　中期目標

経費削減かもしれないし、グローバル展開かもしれない。上司の中期目標次第で、あなたが組織や部署の中期目標にどう優先順位をつけるかも変わる。上司が特定の目標にとくに重きを置く場合には、あなた自身も――例外はあるが――そうすべきである。

ときには上司の目標が理不尽だと感じることもあるだろう。個人的な損得に動かされているのではと思うことがあるかもしれない。その結果、上司の目標が組織の目標と相いれない場合もあるだろう。また、上司が戦略ミスを犯していると感じたら、方向性を変えるように伝えた方がいいときもあるかもしれない。第十一章の「上司をマネジメントする」で、そうした場合に対処する方法を紹介する。

需要と供給の両方の要因を考慮に入れたら、リストに挙げた目標を一〇段階にランクづけしてみよう。もっとも優先順位の高い目標を一〇、もっとも低い目標を一とする。この優先順位は、毎年または仕事のうえで大きな変化があったときに見直すこととする。

表2は、ジョシュアから見た優先順位だ。彼の今年の中期目標を優先順位の高い順に並べると次のようになる。

・利益を一五パーセント伸ばす
・快適な顧客体験を作り出す
・小売業界の人たちに会う
・きれいなオフィスに移る

ここで、ジョシュアと組織の共通の中期目標にいちばん高い優先順位をつけたことがおわかりかと思う。組織にとってそれほど重要でないと思われるジョシュアの個人的な目標――小売業界の人たちに会う――は共通の目標より優先順位が低い。上司の目標――きれいなオフィスに移る――は、それよりさらに低い。ジョシュアから見ると、この目標は彼自身の目標にも組織の目標にもたいした助けにならないからだ。

4 短期目標（ターゲット）の優先順位を決める

さて、ここで短期目標、すなわちアクションステップに目を向けてみよう。短期目標はおおかたふたつのグループに分類できる。ひとつは、中期目標の達成を助ける発展的な短期目標。もうひとつは、与えられた任務としての短期目標。まずは短期目標をどちらかのグループに振り分け、それから優先順位を決めることにする。

発展的な短期目標（中期目標の達成につながるもの）

短期目標のなかには、ここに分類されることが明らかなものもある。簡単な例を挙げてみよう。昨年は、本書を完成させることが私にとって非常に優先順位の高い中期目標だった。したがって特定の章の初稿を書き上げることが、毎週の最優先の発展的な短期目標になっていた。

発展的な短期目標には、間接的に中期目標の達成につながるものもある。たとえば、翌週の月曜に非常に重要なプロジェクト（つまり、中期目標）を任されることがわかり、それに全力投球する必要があるとしよう。だとすれば、今週のうちに小さな仕事をできるか

短期目標	短期目標によって達成される中期目標	中期目標の重要度	短期目標が中期目標の達成に役立つ度合い	総合的な重要度
販売員の評価基準を見直す	利益を15パーセント伸ばす	10	非常に高い	10
地域に密着したマーケティング戦略を練る	利益を15パーセント伸ばす	10	中	7
販売員の人数を増やす	快適な顧客体験を作り出す	8	中	6
製品展示会に出席する	小売業界の人たちに会う	5	中	3
インテリアデザイナーを雇う	きれいなオフィスに移る	1	非常に高い	2

重要度

表3　発展的な短期目標

ぎり片づけて、翌週から新たなプロジェクトに集中したいはずだ。優先度の低い短期目標を片づければ、気持ちを散らさずにこの新しい中期目標に集中できるだろう。

部下のニーズに応えることが中期目標の達成につながる場合もある。たとえば、第十章の「部下をマネジメントする」で述べるように、上に立つ者は自分の力を使って部下のために経営資源（予算、時間、人材）を確保しなければならない。ほとんどの場合、あなたと部下は同じ目標に向かってともに努力しているのだから、部下の目標達成を助けることは、あなた自身の目標達成につながる。

そこで、発展的な短期目標を書き出し、優先順位をつけてみよう。各短期目標に関連する中期目標の重要度と、短期目標が中期目標の達成に役立つ度合いによって、一〇を最高、一を最低として順番をつける。表3では、ジョシュアの五つの発展的な短期目標をランクづけした。

指示された短期目標（頼まれた仕事）

これは、日ごと週ごとに溜まっていく雑用で、そのほとんどは、大きな目標――あなたの大きな目標――につながらない。たとえば、メールに返信したり、頼まれごとを片づけたり、事務手続きを処理したりすることだ。厳密には、他人に頼まれた仕事も発展的な短期目標になりうる――「クビにならない」という暗黙の目標には役立つからだ。とはいっても、そうした雑用は、あなた自身の具体的な中期目標を助けるものとはとてもいえないはずだ。だとすれば、それらを分けて考えた方がいい。

他人に頼まれる仕事は、たいていの場合差し迫っていて、やることがはっきりしている。だからといって、あなたやあなたの予定をすべて消耗するほど重要なものとはかぎらない。多くの場合は、これらを優先度の低いものと考えて、できるだけ短時間で片づけるべきである。第三章の「雑事に手間をかけない」では、なるべく時間をかけずにそれらを処理する方法を紹介する（もし部下がいれば、部下に任せるのが理想だ――上手な仕事の任せ方についての詳しい手引きは第十章をご覧いただきたい）。ここでは、頼まれた仕事の優先順位づけに戻ろう。おおまかには次のような方法で行なう。

短期目標	だれに頼まれたか	指示された重要性	総合的重要度
販売報告書を毎週上司に提出する	上司	高い	9
地域の店長たちに会う	同僚	高い	4
地域の歴史記念日に参加する	上司	低い	2

重要度

表4　頼まれた仕事

上司からの頼まれごとは、たいていそのほかの頼まれごとよりも重要だ。上司の要求にうまく応えなければ、あなたの能力が疑われてしまう。社内の知らないだれかの頼みに応えなくても、またはメールで適当な返事を返しても、その仕事がだれかほかの人に行くだけで、それほど責められることもないだろう。

上司に頼まれる仕事のなかには、優先順位の高いものもあれば低いものもある。優秀な上司なら、任せた仕事の重要度を伝えてくれるはずだ――たとえば、「詳しい報告書」が必要なのか、「簡単なレポート」でいいのかといったことを。そうしたヒントを敏感に察しとらなければいけない。頼まれた仕事の優先順位がまったくわからないときは、直接上司に聞いてみよう。

表4に、ジョシュアが任された三つの短期目標を、一〇を最優先として順位づけしている。おわかりのように、仕事を頼んだ人とその仕事の重要性によって優先順位がつけられている。ここで、みなさんが任された仕事のリ

ストをまとめ、この基準にそって優先順位をつけてみよう。

5　実際にどう時間を使っているかを調べる

中期目標と二種類の短期目標の優先順位をつけたら、今度は実際の時間配分が優先順位にきちんと合っているかを見ていくことにする。

ほとんどの人は自分のお金の使い道は把握しているが、時間の使い道はあまりわかっていない。あなたがクイズ番組で一〇万ドルの賞金をもらい、私が一年後にそのお金をどうしたか聞いたとしよう。あなたはおそらくなににどれだけ使い、どのくらい貯金したかを答えられるだろう。しかし、時間で報酬を請求している人でなければ、昨年一年間にさまざまな仕事やプロジェクトに何時間ずつ費やしたかは、おぼろげにしか憶えていないはずだ。

あるとき私はクリーブランドで講演を行ない、そこで富裕層相手の投資顧問会社の営業管理職に出会った。彼の部下のセールスマンたちは、自分たちの時間の三分の二を顧客訪問に使っていると思い込んでいた。しかし、彼がセールスマンたちのカレンダーや電話記録や出張記録をよくよく調べてみると、顧客訪問に使っていた時間は三分の一だとわかった。

自分が実際に時間をどう使っているかをしっかり把握するには、スケジュール帳か、あなたが使っているスケジュール管理のツールをよく見返してみるといい。それから、以下の六つの質問に答えてみよう。

現在のスケジュール

仕事に使う時間と仕事以外のことに使う時間はそれぞれ何時間ずつですか？

仕事でいちばん時間を使っている三つの活動はなんですか？

会議、書類作成、メールに使う時間は毎週何時間ですか？

来年のスケジュール

現在の毎週のスケジュールは来年も同じでしょうか？　違うと思いますか？

来年度の三つの主な活動はなんでしょう？　一年のうちにそれが変わるでしょうか？

来年度の成功をどのように測りますか？　この間、どうなったら失敗だと見なされますか？

ここではじめに戻って、短期と中期の目標の優先順位とあなたの時間配分を比べてみよう。自分の時間の何割を、もっとも優先度の高い短期と中期の目標につながる活動に費やしているだろうか？　優先度の低い仕事にどれだけの時間を使っているだろう？　このリストにさえ入らないような雑用のために時間を使っていないだろうか？

6　優先順位と時間配分のミスマッチを認識する

ほとんどの人は、もっとも優先順位の高いことに自分が半分の時間も費やしていないことに気づくだろう。コンサルティング会社のマッキンゼーが一四〇〇名のシニア・エグゼクティブを対象に行なった調査では、達成したい目標と費やした時間がつりあっているかという質問に、「つりあっている」と答えたのはわずか九パーセントだった。三分の一がつりあわないと答えた。さらに、自分の時間配分が組織の戦略目標の優先順位におおかたそっていると感じていたのは、回答者の半数にも満たなかった。彼らはなにも怠けていたわけではない。もっとも優先順位の高い仕事にできるだけ時間をかけようと努力していたのは明らかだが、改善の余地は大きかった。

短期や中期の目標について深く考えない人たちもいる。その結果、重要な目標がしばしば脇に置かれる――そして、危機が起きてはじめて、つまり多くの時間と努力を費やさなければならなくなったときにそれに気づく。はじめから優先順位の高い目標に取り組むのではなく、危機が起きてはじめて対応するというこのパターンは、マッキンゼーの調査に見られた無駄な時間の使い方にも通じるものだ。自分の時間配分に不満と答えた回答者は、仕事時間の三割を危機対応に費やしていた――満足と答えた人の二倍以上の時間を使っていたのである。

優先度の高い目標に集中する

目標の優先順位と時間配分をマッチさせるには、「やるべきこと」のリストを作り、それを見直すことが必要だ。すべての短期と中期の目標をひとつのリストにし、紙の上半分にもっとも優先順位の高い仕事を書き出す。それぞれの仕事に、締切日を明記する。紙の下半分に、優先順位の低い仕事と、終了時期の目安を書き出す。

この優先度順の「やるべきことリスト」は、状況に応じて変わっていくものだ。私は毎日少しずつこのリストに変更を加える。また、週末ごとにリストを細かく見直し、優先順位をもう一度考える。私はよく、新規のプロジェクトや現在進行中の出来事を反映して優先的な仕事をつけ加え、重要度の下がった仕事やすでにだれかが片づけてくれた仕事を削除する。いずれにしろ、やるべきことのリストは一ページか二ページにまとめるべきである。それより長くなると、あまり役に立たなくなる。
私の場合は手書きだが、さまざまなソフトウェアを使ってこのリストを管理してもいい。マイクロソフトのアウトルックでもいいし、スマホのアプリでもいい。これらのアプリケーションを使えば、クリックひとつで締切日やそれ以外のさまざまな分類（仕事、勉強、個人的な用事など）に従ってリストを整理することができる。

組織の上層部ともなれば、自分のエゴのために特定の活動に不必要な時間を割いてしまうことも少なくない。私自身、かつては講演の依頼を断りきれなかった。もともと話し好きだし、講演を依頼されれば悪い気はしないため、ほんの短いスピーチのためにいつも長距離を移動することになった。しかし、仕事の責任が重くなるにつれ、そうした講演の多くは自分の目標の達成に役立たないと認めざるを得なくなった。そこで、多くの依頼にはスケジュールがいっぱいなのでと丁重に断るようになった。招待した方も気分を害することはなかったし、私もより実のある活動に時間を割けるようになった。

優先順位と時間配分のミスマッチは組織のどの階層でも起こり得る。ボストン病院の理事を務めていたとき、病院の財務部門で働くシンシアという若いスタッフと知り合いになった。ある年のはじめに、彼女は年内にかなえたい目標を三つ挙げていた。ひとつは医療業界のしくみを理解すること。次は人材のマネジメントを学ぶこと。そして、人脈を広げることである。

その年の終わりに、シンシアは日々の仕事に追われてどの目標に関しても目に見えるような進歩がなかったと言っていた。「くる日もくる日も保険会社からの電話に応え、他部門の予算請求に対応し、翌四半期の財務諸表の準備に追われていたんです」と彼女は嘆いた。「みんなの要求に応えるのに精いっぱいで、自分の目標に集中する時間を持てませんでした」

もちろん上層部の人間に比べればシンシアが自由に使える時間は少ないが、それでも自分がいちばんかなえたい目標のためになんとか時間を捻出する道はあったのではないかと思う。翌年は日常業務の効率を上げるか、特定の仕事をてっとり早く済ますよう覚悟を決めて、雑事にかける時間を減らすべきだと私はアドバイスした。そうやって捻出した時間を、目標達成のための実践的な行動——講習を受ける、少人数のグループを管理することを申し出る、院内の他局のスタッフに会うなど——にあてるべきだと言ったのである。

ミスマッチを正す

本書の残りの部分では、これまでに述べたミスマッチの原因を指摘し、解決のための戦略を提案しようと思う。私の解決法は、大きくふたつに分けられる。個人ができることと組織で取り組むことだ。

個人ができることについては、最優先の目標に集中するための具体的なテクニックをいくつか紹介していく。たとえば、日割りカレンダーを使って短期と中期の目標達成を助ける予定の立て方を説明しよう（第四章）。また、職場での日課（第四章）や出張中の習慣（第五章）を通して、より目標に集中する方法を紹介する。

また、あなた自身の習慣を根本から変えることも必要になるだろう。とりわけ、ものごとを先延ばしにする人は、目先の楽しみに気をとられて本当に大切な仕事に取りかかれない。反対に、完全主義者はひとつの仕事にかかりきりになって、なかなか次に移れない。本書では、どちらのタイプの非生産的な行為にも対応する戦略を提案しようと思う（第二章、第三章）。さらに、管理職の多くは部下のプロジェクトに時間を割きすぎている。そのようなマイクロマネジャーは、部下により多くの責任を任せることを学ぶべきである（第十章）。

組織で取り組むことについては、まず効率的な時間の使い方を妨げるものを指摘していく。たとえば段取りの悪い社内会議（第六章）は、日中の長時間を浪費することになる——しかも、ほとんどの場合は目標の達成に貢献しない。また、肥大化した官僚制度と煩雑な手続きへの対応に多大な時間と労力を費やしている人もいるだろう（第三章）。本書の後半では、そうした組織の壁を乗り越えるための戦略を紹介しよう。

心に留めておくこと

① 生産性を上げるには、目標を明確にし、優先順位をつける必要がある。
② 優先順位の高い目標に多くの時間を使うよう、できるかぎり努力しなければならない。
③ 時間配分をマッチさせるには、まず長期のキャリア目標（五年超）、中期の目標（三カ月から二四カ月）、短期の目標（一週間以内）を書き出す。
④ それらの目標に、はっきりと優先順位をつける。

⑤中期目標の優先順位を決める際、需要（組織と上司が必要としていること）と供給（自分がしたいことと得意なこと）の両方を考慮に入れる。

⑥短期目標の優先順位を決めるには、優先度の高い中期目標の達成にそれがどのくらい直接間接に役立つかを考えなければならない。

⑦上司が重要と考えることや、組織の中期目標につながるものは、優先度の高い短期目標になりうる。

⑧優先順位と、現在のあなたの時間配分を見比べてみよう。ミスマッチがあるなら、その理由を探ろう。原因はなにかと自問してみよう。

⑨ミスマッチを正すには、あなた自身が習慣を変えなければならない。先延ばしやマイクロマネジメントは多くのプロフェッショナルに見られる傾向だ。

⑩組織の手続きを変えなければならないこともある——でなければ、手続きに対するあなたの対応を変える必要がある。

第二章　最終的な結果を念頭に置く

　近頃、私はハーバード・ビジネススクールの研究者に依頼して、銀行を買収した中国の保険会社の戦略を評価してもらった。研究者である彼女は、その保険会社について書かれた数冊の書籍をくまなく読み、インターネット上の数百という記事を系統的に調べあげ、見つかるかぎりの詳しい情報を収集した。一週間後、彼女はその企業の歴史、経営陣、業績について、長々と報告してくれた。だが、それらのデータは企業戦略にとってどんな意味を持つのだろう？　彼女は答えられなかった――情報の洪水のなかで迷子になってしまったのだ。

　そこで、調査はここまでにして、その企業の戦略について、たたき台となる仮説を立ててみるようアドバイスした。しばらく考えた彼女は、その企業が富裕層に向けてさまざまな保険、銀行、証券サービスを行なうことで、金融の「スーパーマーケット」になろうとしているのではないかと仮定した。この仮説を念頭に置いたことで、彼女はその企業戦略の成功に不可欠な課題に目を向けることができた。たとえば、クロスマーケティングの企画、技術的なプラットフォーム、社員研修などだ。

この話は、次の柱となる考え方の例である。それは、最終的な結果を念頭に置く、ということだ。これは、優先度の高いプロジェクト、しかも大規模で複雑なプロジェクトを手際よく遂行するために必須の考え方である。ここでは、たたき台となる一連の仮説を素早く立てる方法を紹介したい。キーワードは「たたき台」である――プロジェクトの途中でいったん立ち止まり、それまでに学んだことに照らして仮説を見直すことが重要なのである。優先度の高いプロジェクトにこの手法を導入するには、おそらくふたつの障害を乗り越える必要がある。その障害とは、ものごとを先延ばしにするあなた自身の傾向と、勤務時間に重きを置く組織の傾向だ。

終点から始める

知識が基盤となるプロジェクトでは、調べるべき要点がわからず手当たり次第に情報を集めるうちに、時間を無駄にしている場合が多い。はじめに手広く調査を行なう方がたしかに理にかなっていそうだが、実際は非常に効率が悪い。プロジェクトに関連する情報は、それこそ無限に存在する。それらすべてが本当に必要なのだろうか？　違うはずだ。それらのほとんどが結論にあまり大きな意味を持たず、なかには報告書にまったく取り入れられないものもある。

反対に、プロジェクトのはじめにその方向性をよく考えてみるべきだ。成功を左右する問題はなにか？　どうしたらそれらが解決されるのか？　一日か二日かけて関連する情報を集めたら、そのプロジェクトのたたき台となる結論を書き出してみよう。そうすることによって、次に調べるべきことがわかり、単なる説明ではなく分析に取りかかることができる。修正可能な仮説の形で結論を書き出し、プロジェクトの進行に合わせて見直せばいい。新たな事実が出てきた場合には、立てた結論をすべて捨て去る必要があるかもしれない。それでもかまわない。これは科学的手法に共通するアプローチである。一連の仮説を立て、それらを検証する。その逆ではない。

簡単な事例を見てみよう。新本社の場所をあなたの地元で探してほしいと上司に頼まれたとする。数週間かけてその地域の商業ビルをしらみつぶしに調べ、上司に包括的な提案をする方法もある。そうではなく、上司の助けを借りて新本社の現実的な条件を挙げることから始めてもいい。どのエリアが望ましいのか？　圏外はどこか？　支払える賃料の範囲は？　それらの条件をもとに調査範囲を絞れば、より早くより適切な結論に達することができるだろう。

このやり方は、取材を必要とするプロジェクトにはとくに役に立つ。数年前、私は、ある大学院生に依頼して、民間のベンチャー企業に特定目的への投資を行なった財団の理事に話を聞いてもらった。たとえば、がん研究の財団が、新しいがんの治療法を実験している小さなバイオテクノロジー企業に投資するようなケースである。その大学院生は、投資に関わった人々——財団の理事や投資先企業を選んだアナリストたち——を取材するため、入念に質問表を準備した。

彼女の質問表からは大量の情報が収集できたはずだが、それらはあまりにも広範にわたりすぎていた。私は、こうした特定目的の投資における主な制約について、たとえば法的リスクに対する理事会の懸念といった仮説をとりあえず立ててみるよう彼女に指示した。その仮説を念頭に置いて、彼女は質問事項を書き直し、重要な制約と戦略に集中することにした。

学生とともにハーバード・ビジネススクールの授業で使うケース・スタディのための調査を行ない、ケースを書き上げて発表する際、私はこの手法をいつも使っている。そのケースをもとにした授業計画を立てるところから始めるよう学生たちに言うと、彼らは一様に驚く。授業を通してなにを学生に教えるかを決めなければ、よいケースを書くことはできないと私は説明する。社員のモチベーションを上げる方法を教えたいのか？　顧客基盤の変化に対応することか？　新しいビジネスチャンスを評価することだろうか？　ケースを書く時間と労力を節約するためには、まずはじめに結論に目を向けなければならない。

途中でチェックする

まずたたき台となる結論から始めよと言ったが、プロジェクトの途中でもう一度その結論を見直し、それまでに学んだことをもとに修正することが必要だ。つまり、調査の指針となるような修正可能な仮説から始めるべきだが、プロジェクトの終わりを待たずに仮説を再考しなければならないということだ。プロジェクトの途中で立ち止まり振り返ってみることで、よりよい仮説に基づいて後半の仕事に集中できるのである。

ベンチャー企業に出資した財団への取材を行なっていた大学院生に話を戻そう。たたき台となる結論をはじめに想定することで、彼女は自分がもっとも重要だと思う問題、つまり特定目的の投資における法的リスクに絞って質問表を作ることができた。しかし、数件の取材を行なったあとで、財団の理事たちがそれよりも大きな問題に直面していたことに気がついた。その問題とは、才能ある投資プロフェッショナルを採用し、報酬を支払うことだ。そこで、この問題をさらに深く探るために新たな質問表を作った。重要な問題が明らかになったため、それに対応するよう質問表を作りかえたのである。

組織のさまざまな部署から社員が参加するプロジェクトでは、中間点での見直しがとくに役に立つ。以前、年金保険商品（就労期間中に保険料を徴収し、引退後に毎月年金を支払う商品）の開発を行なっていたときのことだ。調査が始まったばかりのころ、マーケティングの専門家は、顧客のほとんどが毎月の固定的な保障額に加えて株式市場が値上がりすればその都度上乗せ金額が支払われる商品を望んでいることを発見した。プロジェクト途中の見直しにおいて、マーケティングのグループは、実際に保険料の投資にあたるファンドマネジャーにこの結果を伝えた。ファンドマネジャーたちは、株価上昇による利益を実現しても、その後の下落による大きな損失の可能性があるため、保障額に上乗せする商品は現実的ではないと説明した。マーケティングの専門家は、そうやって現実とすり合わせたおかげで、調査項目を見直し、実際に提供できる商品の開発にそれを反映した。

たたき台となる結論を設定し見直しをかけるこの継続的なプロセスは、ソフトウェア開発のプロジェクトには必須である。ソフトウェアの開発プロジェクトの立ち上げ時には、企業ユーザーが開発者と会い、およその規格を決める。企業側はその後なにもせずただ数カ月待ち、完成した製品を受け取る。しかし、この間にソフトウェアの開発者たちは合意した規格を実現するために数百という判断を下している――が、エンドユーザーにそれを確かめることはない。その結果、予定よりも多くの時間とお金がかかることも多く、そのうえエンドユーザーが最終的な製品に満足しない場合も少なくない。

しかし、こうした問題の多くは、ユーザーと開発者が毎月顔を合わせて規格を修正し、新しく持ち上がった問題に対処していれば避けられる。ソフトウェアのプロジェクトで納期が遅れそうになったり予算をオーバーしそうになったときは、私自身が次の月次会議に出席し、開発者に聞くことにしている。時間と費用の削減につながる規格変更を三つ挙げてほしい、と。たいていの場合、開発者は特定の機能を削ればいいと言う。私の経験から言えば、企業ユーザーは三つの変更のうち少なくともふたつは受け入れると思っていい。それらの機能は「あったら便利」だが、「なければ困る」ものではないからだ。開発者と実際に話してみなければ得られないこのような重大な情報が、プロジェクトに劇的な効果を及ぼすことも多いのである。

いまこの瞬間から先延ばしをやめる！

たたき台となる結論を素早く立てるには、はじめからプロジェクトの核心に飛び込んでいくことが必要だ。残念ながら、多くの人はなかなか最優先の目標に向けてスタートを切らない。居心地のいい仕事で気をまぎらわせて、大切なことを先延ばしにするのである。先延ばしといっても、典型的なケース——たとえば、上司のメールに返事を出すかわりにフェイスブックを眺めているようなとき——はそれと自覚できる。だが、それほどわかりやすくない場合もある。優先度の高い目標に向けて仕事をするかわりに、それほど難しくない、重要性の低い仕事に向かうこともあるだろう。たとえば、大学教授が翌日の授業の計画を立てずに、前日の択一試験の採点をするようなケースだ。この傾向を「構造的な先延ばし」と呼び、プロジェクトを開始できない人にはこれが次善の策だと言う人もいる。私はそうは思わない。全部先延ばしにするよりはいいかもしれないが、やはりそれでは効率が悪すぎる。

自分でも気づかぬうちに「構造的な先延ばし」を行なっていることもある。たとえば、フィデリティの社長になったばかりのころ、私はわが社にやって来るさまざまな上場企業の経営陣のプレゼンテーションにしょっちゅう出席していた。そうしたプレゼンテーションは、予算やシステムのプロジェクトよりもはるかに楽しかったが、私が優先すべき目標の助けにはならなかった。それらのミーティングは私のためのものではなく、フィデリティのアナリストが投資判断にあたって企業経営陣に厳しい質問を投げかけるために設けられたものだった。だから私はそれらのプレゼンテーションに行かなくなった。

難しい仕事をいくぶん先延ばしにすることはだれにでもある。しかし、なかには締切がなければ絶対にプロジェクトを完成できず、締切が目の前に迫らないと必死になれない人もいる。ある若い社員はこう言っていた。「できればやる気を出して少しでも前もって準備しておければとは思うんです。だけど、締切ぎりぎりにならないと仕事が進まないんです」。この社員だけではない。成人のおよそ一五パーセントは、慢性的な先延ばし常習者だとの研究もある。

先延ばしの常習者は、結局大きな代償を支払うことになる。彼らはかなり初期の段階からプロジェクトを相当気にかけている——やらなければいけないことは頭のなかでわかっていても、実際には避けるだけでなにも進まない。そして、締切が近づくとパニックになる。生活のほとんどすべてを捨てて、締切の最終日の夜遅くまで働き続けなければならない。この浮き沈みの激しさのおかげで、仕事が乱雑になるばかりか、友人や家族と疎遠になってしまうこともある。友人や家族は、いつも同じ悪夢が目の前で繰り返されることにうんざりしてしまうのだ。

もしあなたが先延ばしの常習者ならば、次のアドバイスを聞いてほしい。
1　プロジェクトの規模や複雑さに怖気づいて、なかなかスタートを切れないこともあるだろう。その怖さに打ち克つには、プロジェクトを小さな部分に分解し、最初の一歩を踏み出そう。はじめの一歩が踏み出せれば、あとは簡単になる。
2　気が散りやすく、いつもほかのことに向かってしまうなら、とにかく集中できるように、容赦なく仕事環境を変えるべきだ。溜まっているものを片づけ、重要なプロジェクトに割く時間を作り、ソーシャルサイトやゲームへの接続を断ち切ろう。

3　重症の先延ばし常習者は、心に深く根づいた失敗の恐怖におびえている場合もある。最終的なアウトプットが絶対に満足ゆくものにならないと思い込んでいるのかもしれない。先延ばしの原因がそこにありそうなら、セラピストの助けを借りて恐怖心に立ち向かうことを強くお勧めする。

どのタイプの先延ばし患者にも、ミニ締切日――プロジェクト途中の具体的な目標に向けた段階的な締切日――を定期的に設けると効果がある。締切がないと働けないのなら、たくさん締切を作ればいいのだ。

行動心理学者のダン・アリエリー教授がＭＩＴの学生グループを調査したところ、自分で締切を決めるとかなりの効き目があるということがわかった。しかし、対象となった学生の多くは、自分で選べる場合には締切をプロジェクトの終わりの方に持っていき、先延ばしの時間を作ってしまっていた（ダン・アリエリー『予想どおりに不合理』（ハヤカワ・ノンフィクション文庫）に詳しく説明されている。）。同じ間違いを犯さないようにしてほしい。効率を上げたければ、締切日を均等に設定し、それぞれの仕事に同じくらいの時間を割り当てるべきである。

先延ばしの傾向がそれほど強くない場合には、ミニ締切日ごとに仕事が完成したことへのご褒美を自分に与えるといい。たとえば、アイスクリームを食べるとか、お気に入りのテレビ番組を見るといったことだ。とりわけ友人や配偶者が「わざわざ」ご褒美をくれると、生産性がものすごく上がる。

しかし、先延ばしが重症な場合やとくに怖気づいてしまいそうな複雑な仕事の場合は、ご褒美だけでは足りない。そのような場合には、あえてだれかに約束をするといい――相手が上司なら望ましいが、プロジェクトで一緒に仕事をしている同僚でも効果はあるだろう。上司にミニ締切日の表を渡して、それを守ることを書面で確約するのだ。ミニ締切日をあらゆる意味で本物の締切日にするのである。上司には、臆せず先延ばしの習慣を告白するべきだ。上司はもうとっくにあなたの悪習に気づいている。それを直すための具体的な策を講じることは、ともに働く全員の利益になる。そんなあなたのやる気を歓迎しない上司は、私に言わせれば無能な管理者である。

時間でなく結果に注目する

先延ばしをやめて、アウトプットを生み出すことに素早く向かえば、はるかに短い時間で仕事を終わらせることができる。残念ながら、こうして効率を上げても、逆にそのことが、勤務時間を必要以上に重視する企業文化に相反することもある。

請求時間の制度が勤務時間への偏重を生んでいる職業もある――弁護士時代、私はこの制度が我慢ならなかった。しかし、そうした時間偏重の請求制度がない業種でも、多くの管理職は、ときに無意識に、職場での勤務時間の長さがよりよい結果を生むと思い込んでいる。そんな組織で勤務時間を短縮しながら成功するには、時間と結果の綱引きをうまく操る戦略が必要になる。

請求時間

近頃、ふたりの若者の会話を耳にはさんだ。ひとりはニューヨークの弁護士。もうひとりはシカゴのコンサルタントだ。弁護士の方は、前年に三〇〇〇時間も請求したと鼻高々に自慢していた。勤務時間をすべて請求できるわけではないことを考えると、彼は少なくとも一日一二時間ずつ週に六日間は働いたことになる。それはどこから見ても残酷な仕事量だ。しかし、コンサルタントはすぐに自分の方がすごいと言い出した。一日に一五時間働き、しかもそのほとんどの間出張していたと自慢したのである。

ふたりはこの会話を楽しんでいたようだったが、クライアントが彼らの長時間労働をありがたがったとは思えない。クライアントにとって、成功を測る重要な基準は結果と費用だ。もしふたりがより短い時間で同じ結果を生み出すことができたなら、クライアントは喜んだはずだし、ふたりの若者も自分の時間が持てたはずである。

残念ながら、知識専門職の組織——弁護士事務所、会計士事務所、コンサルティング会社――は、結果よりも勤務時間の長さに重きを置いている。若手社員は、請求時間のノルマを達成することに毎年大きなプレッシャーを感じている。ボーナスも個人評価も、どれだけ深夜まで働いたかで決まるのだ。

しかし、時間で請求する制度は、クライアントと専門職の間に利益の相反を生むことになりかねない――これはどちらにとっても憂慮すべき問題だ。弁護士には時間を効率的に使うインセンティブがほとんどなく、クライアントは疑心暗鬼になる。逆に一時間に六〇〇ドルもとられるのなら、クライアントは重大な問題があっても弁護士への連絡をためらうようになり、連絡が遅れれば弁護士はいつもその分のしりぬぐいをさせられるはめになる。

ワシントンDCの弁護士事務所のパートナーだったころ、私はこの請求時間の制度がはじめから気に入らなかった。効率がよければ逆に損をしてしまうからだ。私は金融機関向けの複雑な案件を専門にしていて、だいたいの場合はクライアントの質問に即座に答えることができた。だから、案件ごとの私の請求時間は比較的短かった。私の専門知識と効率の良さが、自分に不利に働いていたのである。そこで、私はクライアントに手紙を書き、異論がなければ今後は時間あたりの報酬額を上げさせてほしいと頼んだ。反対したクライアントは一社もなかった――私が「東海岸でいちばん仕事の速い弁護士」だと言ってくれたクライアントもいたほどだった。

とはいっても、時間あたりの報酬額を上げることは根本的な解決にはならない。すると、この制度を根本から変えるにはどうすればよいのだろう？　だれよりも弁護士の効率を上げる力があるのはクライアントだ。大企業なら社内の法務部を強化して、極端に複雑な案件以外はすべて社内で処理してもいい。また、中小企業でも、評判のよい法律事務所から、サービスの価値に基づく契約――請求時間ではない報酬制度――の相見積もりをとることもできる。

二〇〇八年の金融危機後の厳しい経済状況のなかで、価値を基準にした請求制度を求めるクライアントがますます増えてきた――また、法律事務所もそれに応えている。ある調査によると、二〇〇八年から二〇一二年の間に、請求時間制以外の契約による法律事務所の報酬額はほぼ倍増したと報告されている。こうした請求時間以外の報酬体系は、以前からこの業界に存在していたが、これがやっと広く利用されるようになったのは喜ばしいことだ。そうした報酬制度のなかには、たとえば特許の申請に使われる一件の法的な手続きすべてに対して固定料金を請求するやり方もあれば、損害賠償の裁判のように成功報酬を求める場合もある。また、不動産取引のように反復的な仕事の場合には、月極めの契約料を請求する形式もある。

若手のアソシエート弁護士はクライアントや弁護士事務所の経営陣ほど力はないが、それでも勤める事務所の請求制度の改革になんらかの役割を果たすことができる。クライアントからのプレッシャーが大きくなれば、経営陣たちは以前よりも若手の言い分に耳を傾けるようになるだろう。現在の制度が若手弁護士にとってあまりにも悲惨なのはよく知られていることだ。大手弁護士事務所のアソシエートを対象にした調査によると、回答者の八五パーセントは、勤務時間を一五パーセント減らせるならば、喜んでその分の減給に応じると答えている。つまり、組織の料金制度を変えたいのは、あなただけではないということだ。こうした不満の大合唱は、組織がより合理的な請求制度を採用することを促すはずだ。

自社の請求制度がいやでたまらないのにそれを変えられない場合は、いつでも辞めればいい。企業内の法務部なら普通は勤務時間に応じた報酬制度をとっていない。それに、クライアントの方が楽しそうだと思えば、私がしたように弁護士を辞めて違う仕事についてもいい。起業することもできる。

職場にいる時間

時間に基づいて料金を請求しない組織でも、たいがいの企業は職場での勤務時間に重きを置きすぎている。組み立てラインが一定速度で動き、労働者が単純作業を繰り返していた工業時代には、タイムカードの制度は理にかなっていた。いまでも単純労働には向いているかもしれない。しかし、知識労働者には合理的ではない。ホワイトカラーの貢献は、職場にいる時間ではなく彼らの知識を通して生み出される価値にある。

保険会社で働くフレッドとアシュリーの例を考えてみよう。フレッドはいつも早朝に出勤して深夜まで働いている。アシュリーはジョギングのあと一〇時近くに出社することもある。そう言うとフレッドはアシュリーよりも生産性が高く勤勉だと思うかもしれないが、実際にはどうなのだろう？　フレッドは、アメフトチームの経営を夢見たり、時間の無駄といえるような会議に出席しながら、一日の半分を過ごしているかもしれない。アシュリーはジョギング中に新しいアイデアを思いつき——出社後すぐにそれを手際よく実行しているかもしれない。単に机についている時間だけで、専門職の価値を測ることはできないのである。

調査によると、残念ながら、企業の管理職はいまだに職場にいる時間と結果の質を勘違いしているらしい。北カリフォルニアの企業三〇社を対象にした二〇一〇年の調査では、管理職は、平日の勤務時間が長く週末や夜にもオフィスにいる部下を高く評価していることがわかった。そして、たいてい無意識のうちにそうした評価をしているというのだ。対象となった管理職たちは結果だけを見ていると自分では信じていたが、無意識のうちに部下が職場にいた時間にかなりの重きを置いていたのである。

もしあなたが上司なら、職場にいる時間の長さよりも仕事の結果こそが重要だとはっきりと部下に伝えることで、この無意識の偏見を覆すことができる。明確な目標と評価基準を設定し、あとは部下を信頼して仕事を任せるべきだ（詳しい議論は第十章「部下をマネジメントする」をご参照いただきたい）。予定を変更したいと言われたら、このことを強調しよう。これを実践しているシカゴの金融機関の社長は、社員に子供の誕生日パーティーのために休ませてほしいと言われたときにどう答えたかを私に教えてくれた。その社員は休んだ時間を埋め合わせると約束したが、社長はその必要はないと言ったそうだ。「このプロジェクトでぜひいい結果を出してほしい。それも、お互いがあらかじめ合意した評価基準に照らして、最高の結果を出してほしい。何時間かかるか、いつ仕事をするかは、君次第だ」

まだ組織の下の方にいて、勤務時間を重視する上司が上にいる場合には、まず上司の信頼を勝ち取るところから始めなければならない。いい結果を出し続けて実績を残せば、もっと自由にさせてほしいと交渉することができるだろう。第十一章の「上司をマネジメントする」では、上司との協力関係を築くための、そうしたツールのいくつかを紹介している。

一方で、社内の仕事の流れを逆手にとって、時間を短縮することもできるだろう。たとえば、多くの投資銀行では昼ごろにならないと上級管理職からの仕事はアソシエートに降りてこない。したがって、アソシエートたちの多くは午前中あまりやることもなくぶらぶらしている。アソシエートが朝早く病院の予約を入れて一一時ごろ出社したり、午前中に定期的にジムに行っても、生産性が下がることはないだろう。

組織文化を変えようと思うなら、あなたが序列のどこにいようとも、勤務時間について意地悪なコメントをしないことだ。同僚が四時に帰ろうとしているときに、「銀行員みたい」などと冗談を言うべきではない。朝二〇分遅れてきた人に、わざわざ「もうみんな来てるよ」とからかってはいけない。

こうした一見なにげない言葉が、職場での時間を重視する文化をさらに強めるのである。同僚を信頼し、きちんと仕事をしていると信じるべきだ。早退する同僚に頼みごとがあるなら、はっきりそう言えばいい。たとえば、「マイケル、帰る前にちょっとこの数字について聞いていいかい?」と。部下の仕事に満足できなくても、職場での勤務時間のせいにすべきではない。最終的な結果へのフィードバックを部下に与えるべきなのである。

心に留めておくこと

① 職場に長時間いることよりも、最高の結果を達成することに力を注ぐ。

② 複雑なプロジェクトでは、情報を大量に収集する前に、たたき台となる結論を書き出

してみる。調査の的が絞られるはずだ。

③　この結論を修正可能な仮説と考え、新たな証拠や知見に合わせて変更する。

④　プロジェクトの途中で立ち止まり、それまでに学んだことに照らして手法や結論を見直す。

⑤　大組織のさまざまな部署が関わるプロジェクトでは、この中間地点の見直しの機会を利用して、すべてのチームが中間結果を共有し足並みをそろえる。

⑥　スタートを切るために、小さな仕事が完了するごとに自分にご褒美を与える――たとえば、アイスクリームを食べたり、テレビを見たりする。

⑦　どうしてもスタートを切れない場合は、実際の締切日の前にミニ締切日を設定する。必要ならばミニ締切日を上司に提出して、強制的な締切日にする。

⑧　時間で料金を請求する職業なら――またはそうした会社のクライアントなら――経営

陣を説得して、働いた時間ではなく生み出された価値を反映するような請求制度に改革する。

⑨ 職場にいる時間の長さで同僚の生産性を測らない。

⑩ 職場にいる時間を重視する企業文化を助長しない。早退する人や遅刻した人をからかわない。

第三章　雑事に手間をかけない

どんな組織にも、あまり重要でない仕事にとてつもなく長い時間を費やす人たちがいる。たとえば、以前一緒に仕事をしたある会計士は、社内の経営陣向けに四半期の売上報告書をまとめていた。経営陣にはだいたいの数字でいいと言われていたのに、彼はほぼ一週間を費やして各四半期の売上データを分析し、数字にひとつの間違いもないことを確かめていた。そのために、上司は新規の大きなプロジェクトを彼に任せることをためらっていた――四半期売上の予測に一週間もかかるようでは、買収候補の財務諸表の分析にどれだけ時間がかかるか想像もつかないからだ。

細かい点への気配りは一般的にはいいことだが、どれだけ時間をかけるかは、プロジェクトの重要性と相手のニーズによって変えるべきである。一日かければほぼ合格点が出せる仕事でも、最高の結果を出すにはその週全部を費やさなければならない場合もあるだろう。それがあなたにとって最優先の目標なら、追加の時間と労力を費やす価値はある。しかし、優先度の低い仕事なら、たいていの場合は合格点で充分だ。

この章では、優先度の高いことにより多くの時間を割くことができるように、「雑事に手間をかけない」ためのテクニックを紹介する。また、優先度の低い仕事に余分な時間をかけさせてしまうような、人や組織の圧力をどう軽減するかをお教えする。

OHIO（オハイオ＝その場で処理する）

以前、州の税務当局から不足税額の通知を受け取った。金額が少額で忙しかったので、私はその通知をオフィスの本棚に置きっぱなしにしていた。一週間後にそのことを思い出し、返事を出すことにした。だが、通知をどこに置いたか思い出せない。通知書を探すのに一時間も無駄にしてしまった——しかも、それをもう一度読んで、そもそもなにが不足だったのかを思い出さなければならなかった。

こうした失敗を何度も繰り返した私は、改心してOHIOの原則を信奉するようになった。OHIOといっても、オハイオ州のことではない。「その場で処理する《オンリー・ハンドル・イット・ワンス》」という意味である。つまり、優先順位の低いことは、できるかぎり気づいたときにすぐその場で終わらせる、ということだ。やり残しが増えると、結局は時間を無駄にすることになり、不安も高まる。

たとえば、あなたには毎日ものすごい数の頼みごとが寄せられ、みんなが――同僚、家族、友人、あなたの知らない人たち――があなたの時間と知識を取り合っている。なにかを頼まれたら、すぐその場で対応するか無視するかを決めた方がいい。おおまかに言って、おそらく頼みごとの八割は返事をしなくていいものだ。たとえば、スパム広告、全国的な組織の日報、社内のメールであっても数百人に向けて発信されたものであなたがアクションを起こす必要はないたぐいの頼みごとだ。あなた個人にあてたものであっても、わざわざ時間を費やす価値のないものもある。

私自身は、だいたいの場合「八〇―二〇の法則」を拠り所にしている。二割の労力で八割の結果を得るのである。たとえば、営業マンの多くは売上の八割を二割の顧客から得ているにもかかわらず、その他八割の顧客のためにほとんどの時間を使っている。

あまり利益を生まない顧客をアシスタントに任せるかウェブで対応できないのなら、そんな顧客は手放して、実際に利益を生み出している二割の顧客に力を集中した方がいいはずだ。メールにも同じ法則を当てはめてみるといい。あなた自身の時間を使うべき頼みごとはどれか、ほかの人に任せられるのはどれか、無視するのはどれかを容赦なく決めなければならない。

頼みごとにあなた自身が対応したい、または対応する必要があると決めたら、すぐに応えられるものか、それともさらに情報を集めてじっくり考える必要があるのかを見極める。すぐに応えられるものは、その場で対応する。情報収集に数日かかる場合は、スケジュールに返信期日を書き込んでおくこと。

応える必要のある頼みごとを放っておくと——一時間でも、一日でも、一週間でも——結局はその二倍か三倍の時間がかかることになる。運がよくても、それをもう一度読み直して問題点を考えなければならない。最悪の場合には、その頼みごとをもう一度読んで考える以前に、頼みごと自体を探すことにものすごい時間を費やすことになる。そのうえ、一週間もほったらかしにしておけば、頼んだ方は気にかけられていないと思うだろう。

たとえば、仕事に直接関係のあるカンファレンスへの招待状をメールで受け取ったとしよう。OHIOの原則に従えば、日時と場所が自分の都合に合うかを調べ、出席すると決めたらすぐに返信し、飛行機を予約する。

では、何日かたってからこの招待状に返信することにしたらどうなるか？　まず、過去のメールを見直して招待状を探さなければならない。それから、もう一度読み直し、スケジュールを調べ、出席するかどうかを決める。すぐに返事をしていれば、この余分な時間を使わずに済んだはずだ。ひとつひとつはそれほど時間の節約にならないように思えるが、積み重なれば、何時間もの節約になる。重要な頼みごとにすぐ対応すれば、頼みごとをした人もあなたをさすがだと思うだろう。

受信箱を管理する

OHIOの原則以外の、メールを効率よく処理するためのいくつかのコツをここに挙げておこう。

・メール中毒にならないこと。気が散って、もっと実のあることに集中できなくなる。決めた時間にだけ——一時間おきとか——メールをチェックしよう。といっても、例外がある。メールに即返信しないと不満な上司の場合には、それに従わざるを得ないだろう。

・メール中毒を断つと決めたら、同僚に協力してもらう。会社ぐるみで「メール休み」を作り——毎週決まった一時間（あるいは、もっと長時間）メールを禁止しよう。

・何度もやりとりが繰り返されている長いメールの場合には、はじめに直近の会話から見てみる。以前の会話で問題になっていたことが直近の返事で解決されていることもある。

・あなたの受信箱は、部下からの「念のため《FYI》」メールであふれ返っているかもしれない。そんなときには、部下や同僚に送信するものをもっと絞り込んでもらうよう頼む。

・また、自分が「全員に返信」をクリックする前に、よく考えてみる。全員があなたの直近の返信を読む必要が本当にあるのだろうか？

・最後に、私の気にさわることをひとつ。ただ「サンキュー」と言うだけのメールだ。気持ちはわかるが、感謝を伝えたいなら、メールを少しでも減らす努力をしてほしい。

ＯＨＩＯ方式を使っていると、その場で処理できない仕事があることに気づくはずだ。複雑で重要性が高く、一〇〇パーセント集中しなければできない仕事もある。そのようなプロジェクトについては、前章で述べたように、まずたたき台となる結論を置くべきである。一方で、ただ長ったらしいだけの煩雑な仕事もある。そういう仕事はその場では処理できないが、あまり頭を使う必要もない。

優先度の低い雑事の多くは、「ながら仕事《マルチタスキング》」で手早く片づけられる。私はいつもこのやり方だ。エレベータのなかやタクシーでの移動中に、携帯をチェックし、ときにはメールに返信する。電話会議を聞きながら短いメモを書く。頭をフル回転させなくていい会議では、密かに溜まっていた読み物を読む。強迫的な「ながら族」であるおかげで、私の生産性は格段に高まっている。とはいっても、ながら仕事には能力的にも社会的にも限界があることは経験上間違いない。

「脳」力を使い分ける

たとえば、重要な会議に出席しながら、一方で買収候補の詳細な分析を読めれば最高だろう。しかし、現実的にはその両方に全力を傾けることはできない。人間の脳（とりわけ前頭前野）は、同時にふたつ以上の活動に一〇〇パーセント集中することができない。いわゆる「ながら仕事」という場合、脳は実際にはスイッチを切り替えて複数の活動を行ったりきたりする――買収の分析に一〇秒間集中したら、今度は会議に五秒間集中し、また買収に戻るといった具合に。こうしてスイッチを絶えず切り替えるのは、とても効率が悪い。スイッチを切り替えるたびに脳はまたはじめから活動を開始し、もう一度集中し直さなければならないため、時間とエネルギーが浪費されてしまう。重要な仕事であれば、一度にひとつずつ処理する方がはるかに効率的だと研究者たちは指摘する。

だが、普通は、頭脳を酷使する重要な仕事を同時にふたつこなそうとは思わない。ながら仕事といっても、長い電話会議を聞きながらサンドイッチを食べたり、退屈な会議の最中にメールをチェックする程度だ。大切なのは、どちらの活動も一〇〇パーセントの注意を必要としないことである――受け取る情報をすべて吸収し分析しようとしているわけではないのだ。ある仕事を見守りながら、隙をみて別の仕事に注意を向けているだけだ。やり方次第では、ながら仕事は雑用を処理するのにもってこいの方法だ。

私自身、ワシントンの政治状況を伝える電話会議を聞きながら、しょっちゅう別のことをしている。こうした電話会議では、私の関心とはほど遠い話題、たとえば農業補助金や政治資金の調達といった多くの話題が議論される。そうしたトピックが議論されているときには、溜まっている報告書に目を通す。だが、話題が自分に関わりのあること、たとえば年金改革や証券規制に移れば、報告書を脇に置いてワシントンでの出来事に一〇〇パーセントの注意を傾ける。

また、取締役会の最初の五分から一〇分はたいてい同じことの繰り返しだ。前回の取締役会の議事録を承認し、今回の会議の議題をおさらいするのである。いつも事前にきちんと準備している私にとって、この五分から一〇分は時間の無駄だ。私はその時間にｉＰａｄで読み物をする――取締役会に必要な資料もすべてｉＰａｄに入れているので、だれにも気づかれない。しかし、前置きが終われば、私は読むのをやめて会議に集中する。

ながら仕事をするかどうかは、それぞれの仕事の相対的な重要性と、それにどのくらい頭を使うかによる。ふたつの重要な仕事を同時にやろうとしてはいけない。どちらの仕事も優先度が低ければ、どんどんやればいい。片方の仕事は重要で、もう一方はそうでない場合も、たいてい問題はない。しかし、例外はある。片方の仕事の重要性がきわめて高い場合――たとえば地雷を撤去しているとき――には、気を散らさない方がいい。別のことに気をとられている場合ではないはずだ。

周囲の目に配慮する

相手がいる場合は、ながら仕事のさじ加減が難しい。私も失敗からそれを学んできた。電話会議を聞きながら別の仕事をするのは、まあ許される。ほかの参加者には、あなたのやっていることが見えないからだ。しかし、顔を合わせる会議で同じことをしたら、ほかの出席者の気分を害するかもしれない。私もそれに気づかされたことが何度かあった。会議中にメールをチェックしていれば、その会議——や出席者——のことを真剣に考えていないという印象をはからずも周囲に与えてしまう。そこで、場面に応じて周囲に気を配るようになった。どんな場合にながら仕事が許されるかは、その場の参加者や状況による。

経験から言えば、顧客や顧客になりそうな人の前ではながら仕事をすべきでない。相手は失礼だと思うはずだし、ライバルに顧客を奪われる可能性も高くなる。また、権力のある人、たとえば上司や規制当局者などの前でも、ながら仕事は禁物だ。彼らを怒らせかねないことはやめた方がいい。そして、自分が一〇〇パーセント打ち込んでいることを伝えたい場面では、絶対にながら仕事をすべきでない。たとえば、リーダーとして社員を啓発するセッションに参加しているような場合である。そのようなときにながら仕事をしていると、あなたの言葉が軽く受けとめられてしまう。

そんなことは常識だと思われそうだが、賢く善良な人でも（私自身はともかく）そうした愚かな失敗を犯すことがある。二〇〇九年、億万長者のビジネスマンであるトム・ゴリサーノが、ニューヨーク州上院議会議長のマルコム・スミス民主党議員を訪問した。ゴリサーノは州政治について話し合おうとしていたが、スミスは携帯で何度もメールをチェックしていたという。ゴリサーノはこの無礼な振る舞いに激怒して、ふたりの民主党議員を説得して共和党に鞍替えさせたため、州上院の過半数を共和党が握ることになった。

しかし、そうではない場面では、とりわけ同僚が相手の場合には、ながら仕事はたいがい許されるはずだ。同僚があなたの効率アップの助けになってくれる場合もあるだろう。あなたの仕事がはかどれば、彼らの生産性も上がるからだ。そうでなくても、あなたの仕事量を知る同僚は、ながら仕事をしなければ全部終わらないとわかっている。実際、同僚だって、あなたとの仕事中に別の用事を片づけているかもしれない。

しかし、同僚がながら仕事をどう思うかわからないときもある。そんなときは、はっきり聞いてみるといい。私自身、よくわからないときは、「別のことをやりながらでもいいかな？」と相手に聞いてみる。もし気にさわるようなら、相手はそう言ってくれるだろう。だが、きちんと訊ねれば、たいていの人は気にしない。

最近は、社内会議中に邪魔にならないようメールをチェックする程度ならかなり許されるようになってきた。二〇〇九年の調査によると、社会人の三割は会議中に頻繁にメールをチェックしていると答えている。社会全体がよりつながり合うなかで、この割合は上がっていくに違いない。それでも、メールチェックのために――フェイスブックや友人への携帯メールはもちろんのこと――長時間注意が逸れたままになるのはよろしくないし、プロとしても失格だ。

私がルールを決められるなら、会議中のメールは短い時間で済みほかの人の邪魔にならないかぎり問題ない。しかし、これについては世代によって意見が大きく分かれる。上級管理職のおよそ三分の一は会議中のメールは失礼にあたると思っている。私が取締役を務めるある企業では、会議中のメールを禁止し、そのかわりに定期的に「メール休憩」を入れている。一方で、私が戦略アドバイザーを務めるバイオテクノロジーのベンチャーでは、全員が取締役会にスマートフォンを持ち込み、時折チェックしている。メールに関しては「正しい」答えはない。それぞれのグループがふさわしい規範を作ることが必要だ。とりわけ若い社員たちは会議中のメールの取り扱いについて上司とざっくばらんに話し合ってみた方がいいだろう。

不完全さを受け入れる

ＯＨＩＯとながら仕事による対処法は、雑事を手早く片づける助けになるはずだ。しかし、どちらの手法にも懐疑的な人は多い。「それぞれの仕事にほんの少しの時間しかかけられないと、ひとつのミスもなくきちんと全部をこなせるかどうかわからない」と言うのである。

残念ながら、この心構えこそ生産性を妨げるものである。すべての仕事に――その重要性にかかわらず――完璧を求めれば、大量の雑事に埋もれてしまうはずだ。そうなれば、最優先させるべき仕事をやる暇がなくなってしまう。

ある同僚は、何日も、ときには何週間もかけて、些末な社内ポリシーや社内手続きを完璧に作りあげていた。どんなにありそうもないことでも、考え得るかぎりのあらゆる偶発事態を考慮に入れ、すべての周辺事項まで網羅しようと気を遣っていた。完成したポリシーには、脚注や用語定義までついていた。完璧さは美徳だが、そこまでやる必要はない。リスクといっても、あまりに現実からかけ離れた蓋然性の低いものもあるからだ。彼はどんな些細なプロジェクトにも長い時間をかけてしまうので、上司は新規のプロジェクトやより面白いプロジェクトを彼に割り当てるのをためらっていた。たしかに彼は水も漏らさぬ手続きを作りあげたかもしれないが、そこまでする必要があったのだろうか？

些細なことへのこだわりが、マイクロマネジメントにつながることもある。ほんの少しのミスも許すまいとして、部下のプロジェクトに干渉し、あらゆる決定に口を出し、すべての仕事を監督しようとするのである。その結果、プロジェクトの完成に必要な時間よりもはるかに多くの時間が費やされることになる。第十章の「部下をマネジメントする」では、効率よく仕事を任せる方法について紹介している――ポイントはひとつ。失敗が許されるプロジェクトを部下に任せ、ミスしそうだと思っても自由にさせること。そうすれば、あなた自身はいちばん重要な仕事に取り組む時間が増える。

完璧主義を克服することが、仕事の効率を上げる鍵になる。特定の仕事に長い時間をかけても、見返りは少ない。あることに関する通説を記述するだけなら数時間でできるとしよう。だが、その件で新たな取り組み方をまとめるとしたら、もう一週間はかかりそうだ。その分の時間と労力を、もっと優先順位の高い目標に注ぐ方があなたにとってはいいはずだ。逆に、重要でない仕事に心血を注ぐのは時間の無駄というものだろう。

たしかに、キャリアの初期には、細かいことへの気配りが役に立つ。たとえば、人事部の下っ端社員、マーカスを例にとってみよう。先週、彼は何時間もかけて、時間給社員の報酬制度に矛盾や不明瞭な点がないかを隅ずみまでチェックした。つまり、細かい点を見直すことが彼の仕事だから、隅ずみまで確かめる必要があったのだ。

しかし、上に立つようになれば、そこまで細かい点をすべて気にかける必要はない。マーカスが人事部で昇進したければ、微妙な人間関係の問題を処理するスキルや、上級管理職に助言するスキルを磨かなければならない。そうしたことに秀でようと思えば、時間給社員の報酬制度の詳細を心配している暇はないはずだ。些細なことにこだわり続ければ、いつまでたっても一段上のスキルを身につけるための充分な時間を持つことはできない。

官僚制度の壁を回避する

些細な仕事を手早く処理することが大切なのはわかっていても、時間のかかる官僚的なルールのためにそれができないこともある。たとえば、以前マサチューセッツ州政府で働いていたときには、昼食会といった少額経費の還付を受けるためにも、細かい書類に記入しなければならなかった。オフィス家具を別の部屋に移そうと思った同僚は、自分で家具を運んではいけないと止められた。（刑務所を管理する）矯正局に電話をして、囚人の一団――オレンジ色のジャンプスーツの集団――に家具を動かしてもらうよう依頼しなければならなかったのである。ばかばかしいルールは政府に限ったことではない。私が経験した企業の数社では、たとえ穏やかでも下品な言葉の含まれるメールはすべてブロックされていた。

誤解しないでほしい。こうした手続きのなかには、非常に有益なものもある。実際、深刻な損害をもたらす可能性が比較的高い場合には、標準化された一連の手続きがリスクの軽減に役立つのである。たとえば、原子力発電所の安全規制はメルトダウンの回避を助け、パイロットの厳格なチェックリストはA地点からB地点までの安全飛行を助ける。

私が言っているのはそのようなルールではない。優先順位の低い仕事に長時間を費やすことを強いるルールのことだ。長ったらしい書類の提出を求めたり、社内の各方面の管理職への根回しを必要とするような官僚制度について話しているのだ。私の経験では、そうしたルールは恐怖から生まれている――それは、社員にほんの少しでも自由を与えようものなら、取り返しのつかない失敗をするに違いないという恐怖である。

ここで、国防総省の事例を挙げてみよう。私企業と同じように、軍隊でも上官が下官を別の部署に異動させたり、別の職種に移したりすることはめずらしくない。しかし、元国防長官のロバート・ゲイツも認めるように、「アフガニスタンの軍用犬担当チーム――ほかのどんな部隊でもそうだが――への依頼は、四つ星の軍本部の少なくとも五つを回って手続きを進め、承認してもらい、実際に処理してもらう必要がある」。配置換えの要請を承認してもらうのに時間をかけすぎて、上官は軍事計画の詳細を練る暇もないほどだった。幸いにも、ゲイツ国防長官は重複する軍事本部を削減し、手続きを簡素化するなどして官僚制の負荷を一部軽減することに努めた。

では、部下があまりに広範で面倒なルールに対処しなければならない場合、あなた自身にはなにができるのだろう？　あなたがルールを変える立場にいるなら、ゲイツ長官を見習おう。組織のルールを全面的に見直すよう命じるのだ。そして、それぞれのルールの目的をはっきりさせよう。はたしてその目的は重要か？　そのルールには実際に期待した効果があるのか？　それから、社員が負うルールの負荷に対してどれほどの恩恵があるかを考えてみるべきだ。

といっても、経営陣やコンプライアンスの担当者に話すだけではうまくいかない。官僚的な大組織では、特定のルールに対する上層部のイメージが現実とかけ離れていることも多い。ルールの実際の効果をきちんと理解するためには、それに従わされている前線の社員（または顧客！）と話してみるといい。多くのルールは時間の無駄だったり、厳しすぎる締めつけだったりすることがわかるはずだ。

残念ながら、あなたがこうしたルールを排除する立場でない場合は、できるかぎりそれに対処する――または回避する――術を身につけることだ。具体的なアドバイスをここに記しておくとしよう。

・ルールの目的を知る――正当な理由から、あなたの行なおうとする行為が制限されている場合もある。それなら、もっとも効率よくそのルールに対処する方法を学ぼう。同じ問題は繰り返し起きるはずなので、できるかぎり頭を悩ませずにそれに対処する準備を整えておくべきだ。

・ルールの精神が時代遅れになっていたり、あなたの行動に当てはめるべきでない場合、その行動がルールの範囲外と解釈されるように工夫しよう。たとえば、経費節約のため当然ファーストクラスへの搭乗を禁じている企業もある。しかし、安いエコノミーのチケットをただでアップグレードしてもらう場合は、このルールを当てはめるべきではない。

・好意的な解釈が難しい場合や法的リスクが高い場合には、ルールの免除を頼んでみよう。

心に留めておくこと

① メールや手紙の大半は捨ててしまう——受信箱の八割は雑事でいっぱいになっている。

② 大切な頼みごとには、その場で返信する。あとになってメールを探したり、アポイントを思い出したりすることに無駄な時間を使わないように。

③ ながら仕事は、効率よく雑用を片づける賢い方法である。電話会議を聞きながらレポートに目を通すのはまったく問題ない。

④ どちらの仕事も集中力を要求される場合には、掛け持ちをすべきでない。瞬時に脳を切り替えていると、エネルギーが浪費される。

⑤ 既存顧客や潜在顧客の前では、ながら仕事をしない。顧客はあなたが全力で注意を傾けることを望んでいる。

⑥会議中のメールについては、許容できる範囲をあらかじめ同僚と簡単に取り決めておく。

⑦すべての仕事を完璧にはできないことを受け入れる。優先度の低い仕事は合格点すれすれで終わらせて、より重要な仕事で最高の出来を目指した方がいい。

⑧マイクロマネジメントしないよう気をつける。たとえ失敗の確率が高まっても、部下に大きな裁量を持たせてプロジェクトを完成させること。

⑨もしルールを変えられる立場にいるなら、不必要な書類への記入を強いたり、些細なことに事前承認を求めるような官僚的なルールを止めさせる。

⑩雑事に時間を費やすことを強いるような官僚制度の壁に対処する――または回避する――方法を覚える。

part 2

日々の生産性向上法

パート1では生産性向上の柱となる三つの考え方を紹介した。優先度の順に目標を明記すること。最終的な結果を常に念頭に置くこと。雑事を手早く済ませること。パート2では、この三つの考え方を日常のなかで実践する手法を紹介していこうと思う。

第四章は、日常生活のなかで効率を上げる習慣を身につける助けになるものだ。日々のアポイントを優先目標に結びつける、スケジュール帳の活用法をお教えしよう。また、八時間睡眠と運動の必要性についても説明したい。

第五章は、出張の心得についてだ。飛行機のなかでもホテルに宿泊中も、効率的な習慣を続けるための手法を紹介しよう。出張準備の方法、旅の間も生産性を維持する方法、そして出張中でも家族とのつながりを保つ方法について述べていく。

第六章は、社内会議——ほとんどの組織の生産性を下げるもの——への対処法である。たいていの会議は長すぎるし、焦点が絞られていないので、あまり実りがない。会議を減らす方法や、会議が必要な場合に、効率よく運営する方法を紹介していこう。

第四章　日課を守る

多かれ少なかれ、だれにでも日課がある。私はいつも決まった日課を守ることで、無駄なことに頭を使わず、家族のために時間を作っている。もちろん、柔軟なスケジュールを好む読者もいるだろう。この章では、みなさんの日課を高い生産性につなげるための、三つの方法を紹介する。

・スケジュール帳を積極的に活用して、時間を管理し目標を定める。
・ルーティーンの仕事をいつも決まった手順で片づけ、もっとも重要なことに集中する。
・八時間睡眠と定期的な運動で、心身ともに切れのいい状態を保つ。

スケジュール帳活用法

第一章の「目標を設定し、優先順位をつける」では、もっとも重要な中期目標や短期目標につながる行動リストを作る手順を紹介した。だが、そうした目標に毎日確実に近づいていくにはどうすればいいだろう？　その鍵は、もっとも重要な目標に意識を集中させるような、一日のスケジュール表を作ることだ。私が二列組のスケジュール帳を使っている理由はそこにある。図1をご覧いただきたい。ページの左のコラムには一日の時間にそって会議、電話会議、その他のアポイントを書き込む。同じコラムの下（時間外）には、その日のうちに片づけたいその他の短期目標をいくつか書き込んでいる。

たいていの人は、スケジュールを立てるとき、この左側を埋めているだけだ。その日の約束や頼まれた仕事を書き込めば終わりだと思っている。だが、やることがまだ半分残っている。

右側のコラムに書き込みを入れてはじめて、スケジュールが完成する。ここには、左の各項目についての注意書き――それぞれのアポイントにおいて達成したいことや、下に書かれた短期目標の重要性など――を書き入れる。こうすることで、会議や電話によって短期目標を達成しているかどうかを確かめられるし、雑用に時間を使いすぎていないかもチ

図1　私のスケジュール表

アポイント		注意書き
8:00		
:15		
:30	シニアスタッフとの週一定例会議	新しい報酬制度
:45		
9:00		
:15		
:30	品質管理部とのグローバルビデオ会議	品質評価基準——売上の損失
:45		
10:00		
:15		
:30		
:45	エアロバイク	
11:00		
:15		
:30		
:45		
12:00	最高技術責任者（CTO）候補との昼食	サリー・スミスを採用する
:15		
:30		
:45		
1:00		
:15		
:30		
:45		
2:00	ワシントンのロビイストとの電話会議	委員長と話す？
:15		
:30		
:45		
3:00		
:15		
:30	新製品評価会	ソーシャルメディア戦略？
:45		
4:00		
:15		
:30		
:45		
5:00		
:15		
:30	タイムズ記者の取材	内部統制の強化
:45		
6:00		
:15		
:30		
:45		
7:00	家で夕食	リサのフィールドホッケーの練習
:15		バートの歴史の中間試験

今日中にやるべき短期目標

＊＊＊次の取締役会の件でパティに電話をかける	優先度——高
＊次のスピーチの主題を決める	優先度——低

ェックできる。

日割りのスケジュール表にはさまざまに工夫されたものが数多くある。効果的なスケジュール表はどれもみな、ふたつの条件を満たしている。まず、一日のすべての約束が一枚にまとめられ、各アポイントの目的と任せられた仕事の重要度がひと目でわかること。もうひとつは、持ち運べること。つまり、日中いつでも、手に持って——あるいは電子的にアクセスして——新しい項目をつけ足したり、修正したりできること。

私自身はアウトルックのカレンダーの左側にアポイントを書き入れたものを印刷して、右側に手書きで目標を書き入れる。そうすれば、日中いつでも目標をすぐに修正できるからだ。パソコンやスマートフォンでアウトルックやグーグルカレンダーを使ってスケジュール管理をする人もいる。あなたにいちばん合う方法を使えばいい。

左側——会議、電話、その他の用事

ここで、私の一日のスケジュールを見てみよう。ぎちぎちに詰まっていないことに注目してほしい——一日のスケジュールのなかに、何カ所か「自由時間」がある。この時間を使って、左下に書かれたふたつの仕事を終わらせても、まだ予定のない時間帯がかなり残ることになる。この「隙間」が、よいスケジュール作りの肝である。この時間を、電話や書きものや考えることに使うのである。

隙間がないほどぎちぎちに会議や電話会議を詰め込むエグゼクティブは多い。これは大きな間違いだ——起きたことを消化したり、今後の戦略を練る時間が必要になるからだ。プロフェッショナル向けソーシャルネットワークサイト、リンクトインのジェフ・ウィーナーCEOは、ずばりと言う。「時間管理のコツは、受け身の対応に終始することをやめて、考える時間を捻出することだ」と。

インターネットの超大手企業グーグルは、予定のない時間のメリットを示す好例である。グーグルは、「イノベーションのための自由時間」を設けて、勤務時間の二〇パーセントを社員の好きなことに使わせている。現在の仕事と無関係のことでもかまわない。この「自由時間」に心ゆくまで好奇心を満たすことによって、グーグルのエンジニアは新サービスのアイデア——たとえばグーグルニュースやGメールなど——を生み出している。どちらのサービスも、この二〇パーセントの自由時間に生まれたものだ。

私自身にも同じような経験がある。私もこれまでに、記事を読みながら、また友人と電話で話しながら、すばらしいアイデアを思いついた経験がある。たとえば、フィデリティの慈善財団をどう立ち上げたらいいか悩んでいたとき、以前勤務していたワシントンDCの法律事務所にいた税法専門のパートナーに電話をして、なにげなく問題点について話をした。彼は直近の歳入庁の通達を見るようにアドバイスしてくれた。それが、思いがけない解決策につながったのである。

自由時間は少なくとも三〇分は欲しいところだ。しっかり考えるには、そのくらいの時間は必要だ。そして、こうした隙間時間を少なくとも一日二回は持つよう努力すべきである。隙間時間は、一日のなかでいちばん頭が冴えている時間帯が望ましい。早朝にもっとも頭が働くという人もいる。逆に、夕方にアイデアが湧くという人もいるだろう。

あらかじめスケジュールに隙間を作っておけば、その日に持ち上がった新しい機会や問題に対処することもできる。たとえば、朝七時四五分に地元のラジオ局が時事問題へのコメントを私に求めたとしよう。一一時三〇分から四五分の間にそれに対応すれば、ほかのスケジュールにほとんど支障をきたさずに済む。

最高技術責任者（ＣＴＯ）候補のサリー・スミスが、渋滞にひっかかってランチに三〇分遅れそうだと電話をかけてきたとしよう。スケジュールに多少の余裕があれば、こうした不測の事態に対処でき、全部の予定を組み直す必要もない。

しかし、アシスタントやコーディネーターが、この「自由時間」に勝手に予定を入れてしまう可能性は大いにある。したがって、ほかの会議や電話と同じくらいこの隙間が重要であることを、はっきりと知らせておくことが大切だ。デンマークの偉大な作曲家カール・ニールセンが音楽について言ったように、「休符は……音符と同じくらい大切だ。休符にこそ表現がこめられ、それが想像力を刺激するのである」

右側——もっとも重要な短期目標に集中する

スケジュール表の左側は、今日中に終わらせる仕事の単なるリストである。本当に大切なのは、それぞれの用事や約束の右側に手書きで書かれた項目だ。

会議や電話の予定の右側に、私はその目的——達成したいこと——を書き込む。それを見ることで、電話や会議の最中に、しっかりとその目的に集中する。アポイントの終わりに、達成した目的を線で消し、必要な場合には次にすべきことのリストをスケジュール表に加える。そうすれば、重要な課題やプロジェクトの状況を見失なわずに済む。

もう一度私の一日のスケジュール表に戻り、右側の注意書きを詳しく見ていこう。

・朝八時半の週一のシニアスタッフとの定例会議では、通常シニアスタッフが新しい情報を簡潔に述べて全員で議論する。だが、私にはこのミーティングで達成したい短期目標がある。それは、現在の報酬制度の問題点を議論し、変更点を全員に認めてもらうことだ。

・九時半からのビデオ会議では、いつものように、グローバルな連携が必要な活動について各地域が報告を行なうことになっている。しかし、私は別の短期目標に注意を向けたい。地域工場が品質問題で一時的に閉鎖されたり、新製品の発売が遅れたりした場合の売上の損失の評価額を、その地域の評価基準に組み入れることである。

・エアロバイクでのエクササイズなら、手軽で簡単だ（後ほどさらに説明を加える）。水泳、スカッシュ、ジョギングなどを好む人もいるだろう。その人の好みと、どのマシンが近くにあるか次第である。運動好きなら、エクササイズの具体的な目標（目標とするランニングの速度や心拍数）を書き込むのもいいだろう。だが、私の場合は多少カロリーを消費して汗をかきたいだけなので、なにも書き込まなくていい。

・ランチの時間は、ＣＴＯの空席を埋めるために、非常に優秀な候補を勧誘するのが目標である。私の直属の部下たちと人事部長はすでに彼女と面接を終えているが、このような優秀な人材を囲い込むには、私からの個人的なひと押しが必要になる。幹部社員を確保することは、経営トップのもっとも重要な仕事のひとつ――トップだけが果たせる仕事――である（第十章「部下をマネジメントする」をお読みいただきたい）。

・午後二時のワシントンのロビイストとの電話は、ただの状況説明ではないことを頭に入れておく必要がある。下院歳入委員会は、投資運用業界に特別税を課す条項を検討している。業界を代表して私が委員長に直接話をするか、スタッフ同士の交渉に任せるかを全員で決める必要がある。

・三時半から四時半に予定されている新製品の評価会は、開発チームの努力に報いるためのものでもある。私はここで、ソーシャルメディアを利用した新製品のプロモーションを社として見直す必要があるかをチームに確認したい。

・五時半の新聞記者の取材では、一連の疑惑に対して、私がＣＥＯとして前面に立って対応しなければならない。このところ、ある部門の社員の経費流用疑惑がマスコミで取り沙汰されている。社内調査報告を読んだあと、私から社内統制の徹底的な強化策を打ち出すことにした。

・七時に自宅で夕食の予定。家族の大切な出来事があれば、ここに書きとめておく。たとえば、娘が所属するフィールドホッケーチームの初練習や息子の歴史の中間試験などだ。

・次の取締役会で新しい取締役候補について話を進めるべきかどうかを、今日中にパティと電話で話し合いたい。これは早急に決めなければならない議題である――もし話を進めるのなら、取締役会のスタッフが数日内に詳細なレポートを書く必要がある。そこで、私は右側に「優先度――高」と書き込む。

・反対に、次回の講演の主題を急いで決める必要はない。今日できればそれに越したことはないが、明日でもかまわない。したがって、右側には「優先度――低」と書き込む。

夕食後、私は妻と今日の出来事を話し、読み物にとりかかる。その日のスケジュール表を見直し、達成した短期目標を線で消し、それ以外は先の日付に移す。それから翌日のスケジュール表の予定の横に注意書きを入れる。そうすることで、私は重要な短期目標にいつも気持ちを向け、現在進行中のことに合わせて予定を変更し、大切な項目が漏れないように注意している。この習慣が定着すれば、毎日一五分から二〇分でスケジュールの見直しが完了するはずだ。

手始めに、来週の日割りスケジュール表を作ってみよう。一日につき一枚の紙を準備して、中央に縦線を引く。左側に電話、会議、アポイントなどを書き入れ、いちばん下に予定にないがやるべき仕事を書き込む。右側にはアポイントの目的――それぞれの会議や電話によって達成したいこと——を書き入れる。この目的を念頭において翌週の会議や電話に臨むのである。さらに、下の欄外に書かれた予定にない短期目標の重要度も書き入れる。そうやって優先度の高い目標に充分な時間を割いているか——優先度の低い雑用にどれだけ時間を浪費しているか——また、予定にない仕事にどれほど時間を使っているかをチェックする。

日課を機械的に片づける

日課をできるかぎり手早く機械的に片づけるよう努力しよう。そうすることで、仕事にも家族にも友人にも時間を割けるようになるし、疲れも減る。過去二〇年の研究によると、頭を使って判断したり（今日はどのシャツを着ようか？）、自制心を発揮すること（クッキーを食べちゃダメ！　人参を食べないと！）が脳を疲れさせるという。運動で筋肉が疲労するのと同じことだ。

私の朝の日課は簡単だ。七時一五分に起き、七時五〇分から五五分の間に家を出る。その三五分か四〇分の間にシャワーを浴び、服を着て、朝食を食べながら新聞数紙に目を通す。たった三〇分かそこらで？　と思われるかもしれない。コツは、前夜に準備を整え、同じ日課に従うことだ。毎朝退屈な日課を繰り返すことを、私は誇りに思っている。

毎晩寝る前に、翌日着る服を準備する。これは簡単だ。スーツは夏冬五着ずつしか持っていないし、全部紺かグレーである。それぞれのスーツに合わせるシャツとネクタイも決まっている（というか、妻が決めている）。靴は濃い色の二足を交互に履く。なにを着るかは私にとって機械的な日課なので、ほとんど頭を使わない。

ひげを剃り、シャワーを浴び、歯を磨いたあとに服を着る。そして毎朝同じ朝食を食べる。バナナとシリアルとスキムミルク。シリアルは同じブランドに決めている——どれにしようか迷わなくて済む。バナナを食べ始めたのは、プロテニス選手のエフゲニー・カフェルニコフがボストンでの大会中に私の家に滞在してからだ。彼は試合中足がつらないように、毎日一〇本以上のバナナを食べていた。私もバナナを食べれば少しはテニスが上達するかと期待しているが、まだ効果はない。

私の朝の日課をつまらない、またはありえないと思う人もいるはずだし、それはかまわない。実際、特定の業界の人々、たとえば広告やメディアで働いている人は、仕事柄着るものに気を遣うかもしれない。小さな子供がいる若い夫婦や、介護が必要な高齢者がいる家族であれば、毎朝まったく同じ日課に従うのは難しいだろう。また、朝食のメニューをいろいろ変えたい人もいるはずだ。私と同じ日課に逐一従うべきだと言うのではない。大切なのは、あなたにとっての日常的な雑事をできるだけ簡単に済ませることである。

食べ物の好みは違っても、健康的な朝食をとることは、生産性を上げるために重要だ。

被験者を朝食ありと朝食抜きのふたつのグループに無作為に分けた実験は、これまでに何度か行なわれている。結果は明らかだ。朝食を抜くと頭の働きが著しく鈍るのである。

私にとってはランチも同じことだ。とにかく簡単に、機械的に済ませる。特別な理由――たとえば、面接や人脈作り――がないかぎり、レストランには行かない。普段は社内で簡単なランチ――たいてい全粒粉のパンにはさんだチキンサラダサンドイッチとダイエット飲料――をとる。

社員と一緒に食べるときにも、サンドイッチかサラダを準備する。社外からの訪問者もたいてい、私のオフィスでサンドイッチかサラダで昼食を済ませたいと言う。その方が、内輪で静かに手早く食べられるからだ――それに、相手も体重を減らそうとしている場合も多い。もちろん、メニューが同じでつまらないと思えば、もっとメニューを増やせばいい。そして、ほかのより些末な日課を簡素化すればいいのである。

昼食後に少し昼寝する

私は昼食の直後に、毎日なるべく三〇分ほど眠るようにしている。三〇分睡眠で気分がすっきりし、午後中を通して集中力が高まる。昼寝ができないときは、夕方になって疲れを感じたり、生産性が落ちたりする。午後の遅い時間に少し昼寝をする友人もいる。タイミングはいつでもかまわない。いちばん都合のいいときに短い睡眠をとるといい。

なぜ昼寝がいいのか?

一日の間には二種類の生物学的な力が拮抗している。一定時間目を覚ましていると、かならず眠気が襲ってくる。反対に、二四時間周期のなかで日照時間内には覚醒する力が働く。しかし、この周期的な覚醒力は午後の遅い時間にならないと湧いてこない。それまでは、身体のエネルギーレベルが低く、すっきりしない状態が続く。

昼寝の効用については、無作為対照実験による研究が多く行なわれてきた。結論は驚くほど一貫している。どの尺度から見ても、昼寝によって集中力や生産性が大幅に上がるということだ。これらの研究によると、昼寝のはじめの一〇分から二〇分はもっとも効用が大きく、ほんの短い睡眠をとるだけで午後に活力が維持されるといわれる。

昼寝などできないという人もいる。私のやり方はこうだ。個室のドアを閉めるか、どこか静かな場所を見つける。携帯の電源を切り、靴を脱いで足を机か椅子の上に上げる。そしてアイマスクをつける。こうすれば、繭に包まれているような感覚になり、うとうとできる。

うっかり何時間も眠ってしまうのが不安で昼寝ができないという人もいる。これは簡単に解決できる——携帯（または目覚まし時計）のアラームを三〇分後にセットしておけばいい。数週間もすれば、アラームが鳴る前に起きるようになるはずだ。

残念ながら、上司の目が怖くて昼寝などできないという社員も多い。しかし、道理のわかる上司なら、部下があとでより仕事に集中できるように短い昼寝を許すはずである。あるアンケートでは、従業員の四〇パーセントが、昼寝を許されてその場所が確保されるなら、そうするだろうと答えている。部下に昼寝を許せばありがたがってもらえるし、午後の生産性も向上するはずだ。

家に帰る

遠距離通勤はさまざまな点で難しい。現在、アメリカにおける平均通勤時間はおよそ二五分だが、郊外から都市に通う場合はそれよりも長くなる。遠距離通勤の時間は、新しいアイデアを考えたり、その日に片づけたことを頭のなかで見直すのにもってこいの時間である。自分で運転している場合、安全にできるのは考えごとくらいだ。公共の交通機関を使ったり、相乗りをしている場合は、もっといろいろできる。本を読んだり、許された場所で電話をかけたり、メールを送ったりすることもできる。

私は七時までに家に着くよう退社し、家族と夕食をともにすることを日課にしている。夕食をともにすることで家庭生活が非常に豊かになった。子供たちが大学に入る前は、妻も私も夕食を食べながら子供たちとおしゃべりし、その日あったことを聞き、時事問題を話し合うのが楽しみだった。学校で「なにもなかった」と子供たちに言われることもあったが、夕食をともにしたおかげで家族の絆が強まったことは間違いない。

できるだけ毎日同じ時間に、夕食に間に合うように家に帰ろう。仕事を片づけるために、連日連夜遅くまでオフィスに残るのは簡単なことだ。それを続けていると、残業が心身を蝕み、家族も不満が募る。その夜に仕事を片づけなければならないのなら、配偶者や子供たちと良質な時間を過ごしたあとに仕事をすればいい。

幸運なことに、妻はこれまで私のキャリアを大いに支えてくれた。また子育ての中心となったのも妻である。家事をこなす男性も増えたとはいえ、妻のような女性も多い。子育てや家事の負担を背負っているのは、いまだに夫より妻なのである。共働きのカップルは私よりもはるかに険しい道が待っていると言わざるを得ない。ワークライフバランスについて数行で説明するのは不可能だ。キャリアに必要なことと家庭生活で求められることとの葛藤に対処するためのヒントは、第十四章の「家庭と仕事を両立させる」をご覧いただきたい。

身体に気を配る

私の日課に欠かせないことのひとつは充分な睡眠と運動だが、仕事が忙しいときにはどちらも脇に置かれてしまいがちである。だが、このどちらかを怠ると、生産性は著しく下がる。睡眠と運動に時間を投資すれば、健康の増進と日々の生産性の向上という実質的な見返りがある。

充分な睡眠をとる

私はこれまで、四、五時間の睡眠で活発に活動できると言うエグゼクティブに数多くお目にかかってきた。しかし、そう言うエグゼクティブが午後の会議中にうとうとしていたり、議論の筋道が逸れたりすることにも気がついた。私が見たところ、睡眠時間を削って生産性をフルに発揮できる人はめったにいない。大多数の人は、いい仕事をしようと思えば八時間程度の睡眠が必要である。

この私見はいくつかの科学的な研究によっても裏づけられている。ペンシルバニア大学のハンス・ファン・ドンヘン教授は、被験者の睡眠を数日間連続で六時間に抑える実験を行なった。睡眠時間を削られた被験者は、八時間睡眠を許された対照群に比べて、三回ともテストの成績がかなり悪かった。しかも、充分な睡眠をとったグループと睡眠を削られたグループの差は、日を追うごとに開いていった。

とりわけ興味深いのは、睡眠を削られた人々は、成績が下がっているにもかかわらず、自分たちが睡眠不足にうまく順応していると思っていたことだ。日に数度、調査員が被験者に、有名なスタンフォード眠気スコアを使って眠気を測定した。被験者本人は、成績は初日だけほんの少し落ちたがその後は安定したと思い込んでいた。しかし、実際の成績は、決して安定しなかった。それどころか、睡眠制限中の成績はたちどころに毎日下がり続けた。つまり、「五時間睡眠で充分」だと公言するエグゼクティブは自分を欺いていることが、この実験からはっきりとうかがえる。短時間睡眠に身体が慣れていると思い込んでいても、週末にはおそらく相当に疲れが溜まっているはずだ。

睡眠不足は論理的思考を妨げる

ゲームを使ったいくつかの実験では、ひと晩の徹夜がイノベーティブな意思決定にかなりの悪影響を及ぼすことが証明されている。あるゲームでは、プレーヤーに新しい情報を与え、それを念頭に置いて事業判断を行なうよう要求した。ゲームが進行するにつれ、プレーヤーが受け取る情報はより複雑になり、より柔軟な思考を必要とする意思決定が求められた。徹夜のグループは、対照群に比べて事業戦略を臨機応変に変えることができなかった。新たな情報が与えられていたにもかかわらず、徹夜組は既存戦略のままで突っ走ったのである。ゲームの終盤で徹夜組の大半は「破産」したのに対し、対照群はうまく利益をあげ続けていた。

別のゲームでは、四組の異なるカードのうちのひと組からカードを一枚抜いて賭けを行なった。それぞれの組が独自のリスク対リターンを持っていた。高リスク高リターンの組もあれば、低リスク低リターンの組もあった。睡眠不足のプレーヤーたちは、リスクの高い組からカードを選ぶ傾向が高かった。しかも、高リスクの組が利益を損なうことが示されたあとも、それを続けていた。

これらの研究はみな、同じ結論を指している。つまり、八時間近い睡眠を心がけよ、ということだ。ではどうすれば毎日八時間睡眠を確保できるのだろう？　まず、毎晩決まった時間帯に眠ること（たとえば午後一一時から午前七時まで）。これで睡眠のリズムを作る。夕食は八時前に食べること。それ以降だと、ベッドに入ったときに食べ物が消化されておらず、眠りの妨げになる。寝室の窓に遮光カーテンをかけて部屋を暗く保つ。携帯や時計などの青い光にも気をつける。青い光は睡眠誘発ホルモンの分泌を妨げるからである。最後に、ベッドの脇のサイドテーブルにメモ用紙を置いておく。眠れないときに、やるべきことや、追いかけたいアイデアを思い出して、書き出しておくためだ。

こうして万策を講じても、あまり眠れないこともある――仕事、家族、病気などのためという場合もあれば、不眠症の場合もあるだろう。ひと晩でも眠りが足りないときには、翌日長い昼寝をするか、次の夜に八時間以上寝るかして、できるだけ早く埋め合わせるべきだ。しかし、普通は次の晩充分に寝ただけでは、完全には回復できない。

毎日運動する

充分な睡眠と同じく、身体を動かすことはあなたの生産性向上に欠かせない。定期的な運動が、健康だけでなく生産性をも向上させることは、多くの研究でも明らかになっている。たとえば、ある研究によると、昼間の運動が社員のムードと効率を上げるだけでなく、病欠と医療費の減少によって福利厚生コストを抑える効果があることがわかっている。毎日のちょっとした運動で、こうした効果が得られるという。

ロンドン・スクール・オブ・エコノミクスの研究者たちは、最先端の実験から運動が人々を幸せにする新たな証拠を発見した。この実験では、まずボランティアたちがスマートフォンにアプリをダウンロードする。すると少なくとも毎日一度電話が鳴り、ボランティアはそのときにだれとなにをしているかと、幸せの度合いについて報告する。研究員はそのデータをすべてまとめ、ボランティアがもっとも幸せなとき——一日のどの時間か、だれとなにをしているときか——がいつかを突き止めた。運動は、幸せな気分になる活動の第二位だった——セックスの次だったのである。

企業も、毎日の運動習慣を奨励するために、運動施設を整えたり、勤務時間中のエクササイズを許可したりできる。とはいっても、時間を作って定期的に運動するかどうかは、最終的にはあなた次第だ。そこで、あなたがやりたい運動——ランニングでも、スイミングでも、ピラティスでも——を見つけるといい。そして、早朝でも、昼時でも、退社後でも、都合のいい時間を決めよう。忙しいとかマシンがないとかいう言い訳は通用しない。私の友人は日中に四五分間、会社の階段を毎日上り下りしている。といっても、会社にシャワーがなければこれはできない。シャワーがなければ、同僚に嫌われないように、消臭スプレーぐらいは準備しよう。

もちろん、やり方は人それぞれだ。高価な家庭用機材を買う人もいれば、高級スポーツクラブに入会する人もいる。だが、そうやってお金をかけたからといって、自然に運動の習慣が身につくわけではない。多くの家庭にはエアロバイクやランニングマシンが使われないまま過去の遺物として置かれているはずだ。機材があろうとなかろうと、自制心がなければ定期的な運動の習慣はできないし、それは自分で身につけるしかないのである。

効果的なのは、他人の助けを借りることだ。ランニンググループ、ヨガ教室、パーソナルトレーナー。仲間の支えが頑張ろうという気持ちにつながり、運動が一層楽しくなる。私も、仲間のおかげで定期的にテニスのダブルスの試合に励むことができる。ダブルスの試合は週二回が限度だが、おかげで激しく身体を動かし、温かい友情を得ることができる。

心に留めておくこと

① 日割りのスケジュール表に短期目標を書き込み、各アポイントの目的をしっかりと頭に入れる。

② ぎちぎちにスケジュールを埋めない。緊急事態に対応する時間や、戦略的に考える時間が必要である。

③ 毎晩、翌日の準備をする。スケジュールを見直し、着替えを出しておく。

④ 決まった日課を、素早く機械的に片づける。

⑤ 午後の効率を上げるために、少し昼寝する。

⑥ 出張中や緊急時以外は、家族と夕食をともにする。

⑦ 毎晩八時間眠る。

⑧ 睡眠不足のときには、翌日八時間以上の睡眠をとって回復する。

⑨ 定期的に、できれば毎日適度な運動を心がける。

⑩ スポーツチームやジムで、運動習慣を支えてくれる仲間を見つける。

第五章　身軽に出張する

家では生産性の高い日課を実践していても、国内や世界中を旅して回る間は、なかなかそうはいかないものだ。通信の発達で出張の必要が多少減ったとはいえ、やはり実際に顔を合わせなければならない場面はかならずある。出張がなくなることはないので、出張中にも高い生産性を保つ方法を身につけるべきである。

出張を綿密に計画する

生産的な旅の決め手は、事前の入念な計画にある。出張前には、さまざまな細かい項目を詰める必要がある。ひとつでも忘れると後々大きな頭痛の種になりかねない。私のように幸運にも秘書がいる場合は、そうした仕事の多くを秘書に任せよう。秘書がいない場合は、些細なことを見逃してあとあと命とりになることのないよう、行程の詳細を網羅したリストを作るべきである。

比較的期間の短い国内出張なら、飛行機やホテルはオンラインで予約すればよい。だが複雑な海外出張の場合には、旅行代理店を使って数百ものオプションのなかから最安値の組み合わせを選び、アップグレードしてもらう方がいい。旅行代理店ならば、海外の渡航先の事情に通じているからだ（たとえば、デリーで乗り継ぐ場合、六〇分の乗り継ぎ時間で充分か？ など）。また代理店は、訪問先に近く値段もそこそこの優良ホテルを探すにはもってこいである。

飛行機とホテルを予約したら、今度は現地での移動の準備をしなければならない。国によっては空港からホテルまでのタクシーが危険な場合もある。地元警察が取り締まっているとはいえ、身なりのいい外国人はそれだけで狙われやすい。多少お金がかかっても、運転手を雇ってプラカードに名前を書いて出口で迎えてもらい、空港から直接ホテルに送ってもらった方がいい。なにか問題が起きたときのために、運転手の名前と携帯の番号を控えておくといい。ホテルから訪問先へは、地元の知人におよそどのくらいの時間がかかるかを聞いておく。渋滞が激しい都市も多いからだ。

ビザが必要な場合は、早急に必要な書類をまとめて申請すること。ビザの取得にかなりの時間がかかることもある。旅行代理店がサービス会社を雇ってビザの手続きを進める必要があるかもしれない。申請にはたいていパスポートの提出が求められるが、その間に別の出張のためにパスポートが必要な場合もあるだろう。

英語があまり通じない国へ旅行するときには、名刺をその国の言語に翻訳しておくといい。しかも大量に準備しておいた方がいい。行く場所行く場所で、その場の全員が、こちらの全員と名刺を交換したがるからだ。したがって上から下までどんな役職の社員でも、海外に出張するときには、これでもかというくらい名刺を持参した方がいい。

最後に、出張中の各日に予定されているすべてのアポイントの住所、電話番号、メールアドレスをファイルにまとめておくこと。これに、飛行機のスケジュール、ホテルの宿泊確認、訪問先の地図といった添付資料をつける。そして配偶者にこのファイルのコピーを渡しておけば、連絡がとりやすい。

出張でたくさんの成果をあげる

出張の生産性を上げるには、こうした細かいロジスティクスとは別に、かなりの下準備が必要になる。出張の具体的な目的を明確にし、出張スケジュールがこれらの目的を助けることを確認しなければならない。まず、海外出張の場合は、その国の歴史と文化的な慣習について読むことから始めるといい。そして、訪問する人々の背景や彼らの商売の制約を理解するため、現地の知人と話すべきである。

売り込む

ときには新規顧客獲得のための出張もあるだろう。私はこれまでずっと、機関投資家への売り込みのために世界中を旅してきた。出張前には、説得力のあるプレゼンテーションをしっかりと準備する。自社の歴史、運用成績、リスク管理、ポートフォリオ・マネジャーの経歴などを紹介するプレゼンテーションだ。

顧客候補について――その動機と制約について――詳しく知ることも、準備に含まれる。大きなリスクをとり短期間に儲けたいのか？　それとも年金を守るために安全な投資を求めているのか？　私はプレゼンテーションの内容を彼らの嗜好に合わせてガラリと変える（聞き手を理解することについては、第九章の「伝わるように話す」で、さらに議論しよう）。

海外でのプレゼンテーションには、その国特有の難しい点がいくつかある。相手の文化をそれなりに理解していても、潜在顧客の具体的な投資基準をより深く知ることが必要になるのだ。年金資金の運用は国ごとに大きく異なる。たとえば、オーストラリアでは大型の年金資金の多くは私企業ではなく労働組合に運用が任されている。これらの潜在顧客に売り込むには、力関係に充分に注意を払い、それが受託機関の運用方針にどう影響するかを慎重に考慮しなければならない。

必要な情報をすべて手に入れるには、現地の人間にも聞いてみるべきである。運よくその国に自社の出先があれば、潜在顧客に関係する詳しい情報がわかるはずだ。そうでなければ、現地のコンサルタントに相談し、顧客や社員に関する最新の情報を得た方がいいだろう。関連する規制について知りたければ、現地の法律事務所や政府機関に問い合わせてみるといい。

支社を訪問する

遠隔地にある支店の同僚や関係会社の社員に会うための出張もある。最近私は、社外取締役を務めるニールセンの上海支店を訪問した。ニールセンは、中国でソーシャルメディアに関するすばらしい取り組みを行なっており、私の二冊の近著が中国語に翻訳されていることもあって、中国での取り組みに私はとりわけ関心があった。

ニールセンの支店訪問にあたっての私の目標は単純だった。ニールセンの中国事業についてもっと学ぶこと、現場を盛り上げること、役に立ちそうなアイデアを提供することである。本社の紹介を経て、私は上海の幹部とメールを交換し、訪問中なにをしたらお互いに有益かを話し合った。その結果、私はニールセンの中国のふたつの事業部門のプレゼンテーションを見ることになった。また、中国支社の経営陣と会い、軽くお茶を飲むことにした。

ニールセンの米国本社のある幹部が、中国事業に関する詳しいレポートを提供すると申し出てくれた。だがそれではあちらに多大な負担をかけてしまう。私は既存の中国事業の書類に一ページの説明書きをつけてもらえればいいと答えた。彼はたちまち簡単な資料をまとめ、それが大いに役立った。このときは、他人の仕事を増やさずに、ちょうどよく必要な背景を学ぶことができた。

要は、出張前に念入りな準備が必要だということだ。目標をよく考え、それを達成するにはどうしたらいちばんいいかを現地の関係者と話し合おう。

空港をスムーズに抜ける方法

空港はあわただしい場所である。長蛇の列。くたくたの乗客。追い立てられるような感じ。こうしたストレスをなるべく減らすには、荷物をコンパクトにまとめて、機内に持ち込むことだ。効率を考えると、荷物を預けるほど無駄なことはない。チェックインに時間がかかり、飛行機から降りたあとまた荷物を待たなければならないからだ。機内に持ち込めないようなかさばるものがある場合には、余裕を持って事前に国際郵便で送ることを考えた方がいい。

短い出張でも荷物を預けるようなら、おそらく荷造りが下手な証拠である。映画『マイレージ、マイライフ』でジョージ・クルーニーが上手な荷造りの方法を後輩に教えていた場面を憶えているだろうか？　彼女が詰め込んだ枕を捨て、「あっちにはもっといい枕がある」と言うのだ。ドライヤーはたいていホテルの浴室に備えつけてある。実際になにが必要かをよく考えれば、荷物を預けなくて済むはずだ。

秋や春に分厚いコートを持っていく人も多い。だが出張中はほとんど屋内で過ごすし、オフィスとホテルと空港の間の移動にはタクシーを使う。ほんの数歩外に出るだけなら——アンカレッジかモスクワに出張するのでないかぎり——たいていはセーターかジャケット（スーツの上着）で充分である。シアトルのような雨の多い場所なら、コートよりも小さな折りたたみ傘を持っていく方がいい。

家に置いていくものを決めたら、なんにでも合わせやすい洋服を入れるといい。私は紺のスーツを二着と黒い靴を二足持っていき、それを日替わりで着用している。ある女性社員は、「地味な色（黒かグレー）の洋服ばかりなので、スカートでもパンツでもシャツでも重ね着でも合わせやすいんです。私の場合、時差だけじゃなくて、気候にも差がある場所をしょっちゅう飛び回っているので、その方が便利なんです。シャツも全部ノンアイロンで皺にならないものしか買いません」と教えてくれた。

賢く荷造りすれば、機内持ち込みのスーツケースともうひとつの小さなバッグに全部の荷物を詰め込むことができる。機内持ち込みのスーツケースを選ぶときは、座席上の収納棚にちょうど入るサイズを選ぼう。航空会社によって大きさは異なるが、縦五五センチ、横四〇センチ、幅二五センチまでが一般的だ。ちょうどいいサイズのものが、どこにでも売っている。ほとんどの機内持ち込みのスーツケースには、たいていポケットがいくつかついている。ポケットに洗面道具や薬を入れてほかのものと区別しておけば、保安検査場を通るときにも取り出しやすい。

私はブリーフケースではなく、ビーチに持っていくような大きめのキャンバスバッグを持ち込む。外貼りが厚く内側が仕切られた革製のブリーフケースよりもたくさんものが入るからだ。また革のブリーフケースよりもかなり軽い。

キャンバスバッグには出張中の睡眠に必要な小道具を入れている。アイマスクと耳栓だ。飛行機や列車のなかで寝たいときには、窓側の座席をとり、耳栓をしてアイマスクをつける。そうすれば繭にくるまれているような気持ちになり、夢の世界へと飛んでいくことができる。通路側の座席を好む人も多いが、客室乗務員が飲み物を配ったりほかの乗客が化粧室を使ったりすると、私は気になってしまう。だが、これは私の個人的な感覚なので、たとえば背の高い人ならば少し足を伸ばしやすい通路側の座席の方がいいと思うかもしれない。

私はブラックベリーを使っているが、資料を読むときにはハードコピーを持ち歩き、旅行につきものの数時間の待ち時間を利用する。また、タクシーやその他の暗い場所に備えて、小さなペンライトを携帯している。もちろん、キャンバスバッグのなかにiPadやコンピュータを入れ、ペンライトのかわりに携帯の照明アプリを利用してもいい。出張が予定どおりにいくこともいかないこともあるので、あなたに合ったやり方で待ち時間を活用してほしい。

乗り継ぎの時間が空いていたり、飛行機が遅れたりした場合には、私はお気に入りの航空会社のラウンジに潜り込む。ラウンジは、出張が多い人には料金分の価値はある。静かで涼しく、明るくて仕事もはかどるし、食べ物や飲み物、清潔な化粧室もある。いちばん頻繁に乗る航空会社のクラブ会員になるといい。定期的な割引サービスもあるし、会費を支払ってくれる企業もあるだろう。また、会員に無料でラウンジを提供するクレジットカード会社もある――といってもカードの年会費にその料金が含まれているのだが。

どの航空会社を使う場合でも、かならずマイレージプログラムに登録すること。年に数回しか飛行機に乗らなくても、マイルは貯まる。ほとんどの航空会社は年間わずか二万五〇〇〇マイルの飛行距離で、お得意様特典を与えてくれる――これは国内の東海岸から西海岸への往復を五回も繰り返せば達成できる。お得意様には保安検査場や搭乗口で別レーンが設けられているため、長い列に並ばなくて済む。

飛行機のなかで休む

私は高級車や宝石にまったく興味のない人間だが、機内泊をはさむ出張の場合はビジネスクラスに乗るべきだと思っている。ましな食事が出るからではない。そうすればぐっすり眠れるからだ。朝になって効率よく働けないほど疲れていたら、そもそも出張の意味がなくなってしまう。

ビジネスクラスはなぜ寝やすいか

いくつかの理由がある。まず、乗客が少ない——起き上がったり、化粧室に行ったり、音をたてたりする人がそもそも少ないのである。座席が広く足を伸ばせる。航空会社によっては、フラットか、フラットに近い状態に倒せる。これがいちばんのポイントだ。

イギリス空軍の研究者たちは、リクライニングの角度が睡眠の質にどのような影響を与えるかを実験した。被験者は、数夜にわたりさまざまな角度の椅子で眠ることになった――アームチェア（リクライニング角度一七・五度）、リクライニングチェア（三七度）、リクライニングシート（四九・五度）、そして昔ながらのベッド（九〇度）。睡眠の質を調べたところ、被験者全員がアームチェア以外ではそれなりにしっかりと眠れていた。アームチェアでは、寝るまでに時間がかかり、眠りが浅く、睡眠時間も短かった。研究者たちは、睡眠の質を左右するリクライニングの角度は四〇度だと結論づけた――それよりも浅いと良質の睡眠をとることが難しくなる。そして、アームチェアの一七・五度というリクライニングの角度は、通常のエコノミークラスの座席とほぼ同じなのである。

たとえビジネスクラスでも、西海岸から東海岸、または東海岸からヨーロッパへの夜行便はかなりきつい。飛行時間がだいたい六時間から七時間足らずで、充分な睡眠がとれないからだ。そんな出張の朝は早めに起きて、搭乗前に夕食を済ませる。機内では早々と窓側の座席に座り、耳栓とアイマスクで完全武装する。朝が早いので、夕方の六時でもかなり疲れている。すべてうまくいけば、こうした比較的短時間のフライトでもたいてい五、六時間は眠れる。もっと飛行時間の長いアジア便や西海岸からのヨーロッパ便では食べたり寝たりする時間はたっぷりある。しかし、一、二時間で目が覚めてしまうようなときには、私は睡眠導入剤を飲む。

旅行中はアルコールを飲まないように気をつける。よく眠れなくなるからだ。アルコールで寝つきがよくなる場合もあるが、身体を休めるという意味ではあまりよろしくない。たとえほんの少量でも、眠りが浅くなり、夜中に何度も起きることもある。そうなると、朝すっきりしない。三万五〇〇〇フィートの上空でぐっすり眠るだけでも大変なのだから、アルコールは避けるべきだ。

機内ではアルコールは飲まず、水をたくさん飲む。機内の湿度は一〇から二〇パーセントと非常に低く、皮膚や呼吸を通して身体から水分が失なわれていく。脱水作用で身体の調子がおかしくなり、頭の動きにも支障が出る。

機内の飲み物サービスだけでは充分な水分を補えない。だから、水のボトルを自分で持ち込むといい。保安検査場には水の入ったボトルを持ち込めないが、なかに入ってから買うことはできる（または、ボトルに水を入れてもいい）。私は四時間に一リットルを目安にしているが、これは人によって大きく違う。また、アルコールとカフェインには脱水作用があることを覚えておこう。したがって水かジュースを飲んだ方がいい。

出張中も日課を続ける

家を離れている間も、できるかぎり決まった日課を守るよう努めよう。寝る前に翌日のスケジュールに備え、毎晩八時間眠り、軽い朝食をとり、できれば毎日運動する（第四章「日課を守る」をご参照いただきたい）。しかし、出張中はこの日課を守るのが難しいときもある。フルコースのランチやディナーに呼ばれることもあるだろう。そんなときは、失礼にならないように、コースを少しずつ食べながら、最後の重いデザートを断ろう。重いデザートは胃にもたれて、眠りの妨げになるからだ。

多くの国でビジネスの一部でもある夜の接待には、私はあまり関心がない。昼間のミーティングでは真面目この上ない顔でほとんどしゃべらない外国の官僚たちが、夜になるとカラオケ屋で何杯かひっかけて元気にエルビスの物まねをしている様子を見ると、いつも面喰らってしまう。それを楽しいと思う人は、つき合えばいい。夜遊びは活力を奪うことになるし、私にはそれほど楽しいとも思えない。そこで、たいていは時差ボケだとか翌朝早くに電話会議があるとか言い訳して、早々と部屋に戻らせてもらう。私がいなくても、みんなきっと楽しくやっている。その間に私は眠れるし、翌日すっきりと目覚めていられる。

それでも、午後になると時差ボケで眠くなることも多い。時差ボケは仕事にしろ観光にしろ、旅行者の見えざる敵である。したがって、時差ボケに打ち克つ方法を身につけなければならない。残念ながら、しょっちゅう旅行していても時差に慣れることはない。さまざまな研究によると、何年も飛び続けているパイロットでさえ、時差ボケに悩まされるという。しかし、ある程度時差ボケをコントロールすることはできる。

時差ボケを軽くする

時差ボケのしくみは次のようなものだ。人間には二四時間周期のリズム（体内時計と言ってもいい）があり、それによって睡眠のタイミング（夜）と覚醒のタイミング（昼間）が決まっている。体内時計は光に反応するが、それは自動的な作用ではない。これはありがたいことで、もし身体が光に自動的に反応するとしたら、たとえば真夜中に泣いている赤ちゃんを見るために電気をつけるとその後眠れなくなってしまうだろう。しかし、これに抵抗する力が時差ボケを引き起こすのである。陽が昇っていても、身体は午前三時だと勘違いしてしまうのだ。なんらかの策を講じなければ、タイムゾーンをまたぐごとに、身体が慣れるまでに丸一日かかることになる。たとえば、ニューヨークからサンフランシスコに飛ぶと（三つのタイムゾーンをまたぐ）、丸三日間時差ボケに悩まされるわけだ。

体内時計の要因のひとつとして有名なのはメラトニンだ――夜間にこのホルモンが脳から身体に分泌され、眠りを誘う。メラトニンのサプリメントを一定時間に摂取すれば（たとえば、東へ移動するときには日没数時間前に飲む）、身体が時差に慣れやすいという人もいる。しかし、メラトニンの時差ボケへの効用は、今のところ証明されていない――睡眠には役立つものの、それが体内時計の調整を助けるものかどうかは定かでない。

サプリメントがいやなら、到着した日に現地の時間帯に合わせれば、より早く身体が慣れる。たとえば、朝ロサンゼルスからボストンに飛ぶ場合、前日に早く寝て朝四時半に起きると、ちょうどボストンの七時半になる——そして昼間のように部屋の電気を煌々とつける。昼食もボストン時間に合わせて食べ、機内で少し昼寝をすれば、夕方ボストンに着いたときにはその身体もその時間帯にほぼ合っている。

こうして時差ボケを軽減しようとしても、夜行便の翌日に一日中起きているのがつらいこともある。しかし、そこで寝てしまってはいけない。短い昼寝なら問題ない——それができればすばらしい——が、三〇分後に目覚まし時計をセットして、かならず起きなければ意味がない。日中眠って夜中に起きていると、新たなタイムゾーンに慣れるのがますます難しくなる。

私は目的地に着くと、ホテルにプールがあるときには軽くひと泳ぎする。この軽い運動によって気分がすっきりし、目が覚めるのである。軽く走ったり、ホテルのジムでエアロバイクをこぐ人もいるだろう。実際、アスリートが競技会で遠征するときは、そうすることが多い。私の調査アシスタントは、シアトルでの高校時代、ボート部の部員だった。毎年一〇月に大きな大会があり、お金を節約するために夜行便（当然エコノミークラス）でボストンに遠征していた。新しいタイムゾーンに慣れるのに数日しかなかったため、コーチは選手たちを空港からそのまま川に連れていき、軽い練習を行なっていた——部員は疲れ切って不満たらたらだったが。

ホテルにプールや運動設備がなければ、温かいシャワーを浴びてもいい。温かいシャワーで体温が上がり、血行がよくなって、目が覚める。普段コーヒーで目が覚めるなら、コーヒーを飲んでもいい。大切なのは、日中起きておくことである——必要なら、短い（三〇分を超えないように）昼寝で活力を取り戻してもいい。

家族との絆を保つ方法

私もそうだが、多くのプロフェッショナルにとって出張のいちばんの問題は、面倒な保安検査でも時差ボケでも準備作業でもなく、家族と離れることである。時差ボケと同じで、これを完全に克服することはできない。配偶者や子供たちと毎日顔を合わせることは、なにものにも代えがたいからだ。しかし、家族とあなた自身の負担を軽くすることはできる。

長期出張が配偶者と子供たちに悪影響を与えることは、これまでにさまざまな形で証明されてきた。世界銀行は各国政府機関との連携作業が多く、世銀の専門スタッフは家から離れて過ごす時間が長い——平均でも年間九〇日、およそ四日に一日は家にいないことになる。世銀は、度重なる出張がスタッフと家族に与える影響を調査した。調査員が全体像をつかむためにスタッフや家族に話を聞いた。全員が口をそろえて言ったのは、出張は本人にも配偶者にもストレスの種になっており、子供たちに大変な悪影響を与えていたことだった。

子供たちにとっていちばんつらいのは、親が不在で毎日の触れあいがないことである。とりわけ幼児は親があまり家にいないことで頭が混乱してしまうようだった。世銀の調査では、ある三歳児が無邪気に「パパは外国に別の家族がいるの？」と母親に聞いたと報告されていた。

また小さな子供は、親が出ていったきり戻らないのではないかと不安になることもある。こうした不安を和らげるためには、残った親が出張中の配偶者について話題にするといい——いまどこにいるか、なにをしているか、子供と話し合うといいだろう。信仰心の厚い家庭なら、毎日のお祈りで出張中の親に触れることが、不安の軽減につながるだろう。

家に残る妻や夫には、しばしば家事負担が重くのしかかる——料理、洗濯、掃除、子育てをひとりで行なうことになる。この負担を軽減するため、出張前にできるだけ多くの雑用を片づけておくべきである。クリーニング店に洋服を持っていったり、家族のお気に入りのスーパーで食材を買いだめしたり、支払いを済ませたりしておく。長期出張の前のばたばたした時期にこうした雑用を片づけるためには、事前の計画が必要になる。

世銀の報告では、スタッフは長期出張のあと、家庭生活に慣れるのに時間がかかるという――帰宅後の数日間は違和感を感じることが報告されている。長い間留守にしていると、配偶者や子供たちと充実した時間を過ごしたくても、疲れ切っていてそれができないというのである。私自身は、できるかぎり週末のはじめに帰宅することで、なんとか乗り切っている。そうすれば、一日か二日は身体を休め、家族に気持ちを向けることができ、溜まった仕事に埋もれなくて済む。

子供たちが小さかったころは、お土産を持ち帰り、出張中も家族を想っていたことを伝えた。現地のちょっとした手作り品ならどこでも手に入るし、持ち運びも簡単だ。空港に行く前になにも買う暇がない場合には、免税店がある。とはいえ、免税店のお土産は本物らしく見えず、値段も高い。

なにより大切なのは、出張が長引く場合は毎日家族に電話することだ。出張中忙しくとも、配偶者や子供たちと毎日一〇分くらい話すことはできるはずだ。いまならビデオチャットも簡単にできる。ネットに接続できれば、無料でスカイプもできる。スマートフォンでも顔を見ながら会話ができる。

もちろん、ビデオでのチャットは毎日の家族との触れあいに代わるものではない。年間一〇〇日以上も家を留守にする仕事は、長く続けられないだろう。数年もすれば、そのままのやり方で仕事を続けたくないと思うようになるはずだ。

心に留めておくこと

①出張のたびに使えるような、すべきことのリストを作る。準備のためのたくさんの雑事をリストに書き出す。

②空港からの送迎サービスを頼んでおく。予定表を作るときに現地の交通事情を聞いておく。

③出張の目的を明確にし、スケジュールにその目的を確実に反映させる。

④一週間以内の出張なら、絶対に荷物を預けない。本当に必要なものだけを大きめの機内持ち込み用バッグに詰めて、機内に持ち込む。

⑤睡眠用小道具（アイマスク、耳栓）と読み物（ハードコピーとペンライト、またはパソコンやｉＰａｄ）を入れたキャンバスバッグを機内に持ち込む。

⑥ 夜行便では、ビジネスクラスに乗る。充分な睡眠は、高い値段に見合う価値がある。

⑦ 機内で水をたくさん飲む——四時間ごとにおよそ一リットルが目安である。

⑧ 出張中も日課を守る。前夜にスケジュールを見直し、八時間眠り、毎日運動する。

⑨ 時差ボケを軽くするために、すぐに現地時間に合わせて行動する。到着直後に身体を動かし、日中目を覚ましておく。

⑩ 出張中は毎日、配偶者や子供たちと話をする。電話でもいいが、ビデオチャット（スカイプ）だともっといい。

第六章　効率よく会議を行なう

会議は、適切に運営されれば、多くのことを達成できる。組織の方針を決めて実行することを助け、グループで問題を議論し解決する役目を果たす。しかし、残念なことに、たいていの会議は焦点が定まらず、重要な目的を達成することに役立っていない。しかも、ほとんどの組織では、会議が多すぎるし長すぎる。その結果、実行にあてる時間が足りなくなる。調査によると、中間管理職は一日の三五パーセントの時間を会議に費やし、経営陣に至ってはそれが六〇パーセントにのぼる。

会議を避ける方法

フィデリティ投資顧問の社長時代には、油断していると一日のほとんどが会議で埋まりそうだった。だれもが自分の問題や計画を私に伝えようとした。経営チームのメンバーも、マーケティング部門のエグゼクティブも、危機管理部門やシステム開発の管理者たちも、政府機関やサービス業務関連企業の偉い人たちもやってきた。私自身もまた、運用部門の主要な担当者や、大手機関投資家のクライアントに定期的に会おうとした。

限りある時間のなかで求めに応じるために、私は多くの会議を断り、特定事項についてはメールやメモや電話で済ませた。いまでは、会議を開く前に、そこで達成したいことをかならずじっくり考えるようになった。自分の答えに納得できなければ、会議を開かないことにしている。

会議を開く目的はふたつある。ひとつは、社外の人と個人的な関係を築く必要がある場合。たとえば政治家や新規顧客などである。もうひとつは、人々を議論の輪に引き入れたい場合である。対面の会話は、メールや電話には代えられない価値がある。

ブレインストーミングの会議は必要か？

管理職は、行き詰まるとよく「ブレインストーミング」の会議を開く。社員をあちこちから招集し、その場で良し悪しは問わずに問題解決のアイデアをどんどん出してもらうのだ。理論上は、ひとりのアイデアから別のアイデアが引き出されるはずなので、あちこちから人を集めた方がいいとされる。だが、研究からは、頭に浮かんだことをただ声に出すのは効果的な発想法ではないことが明らかにされている。この研究は、ブレインストーミングを効果的に行なうためには、提案されたアイデアを議論することが必要だと結論づけている。それによって方向性が固まり、ただのアイデアが実践的な提案につながるのである。

しかし、多くのミーティングは、議論や話し合いではなく、単なる情報の共有でしかない。そのようなミーティングの大半は、必要のないものだ。メールのやりとりで簡単に済むはずである。たとえば、フィデリティの取締役会の資料準備担当グループは、資料のチェックのためだけに、毎月私に二時間の会議を求めた。私は資料をメールで送るよう頼み、ついでに重要課題を一枚にまとめて添付するよう依頼した。そして、私は自分のコメントをメールで返すことにした。もちろん資料に目を通してコメントを書くのに時間はかかったが、二時間もかかることはなかった。

また、「定例会だから」というだけで、会議を行なうべきではない。毎週月曜に翌週の計画を見直すことを上司が年頭に決めたとしよう。ミーティングが必要な週もあるだろう

――しかし、本当に必要かどうかを週ごとに決めるべきである。

最後に、最近のビデオ会議の技術進歩によって、現地に行かなくていいケースも増えた。以前は、ビデオの音声の遅れにいらだつことも多かった。昨年、ミネアポリスまでの二時間のフライトが直前に欠航になった。そこで仕方なくビデオ会議に切り替えることにした。びっくりだった。画像は鮮明で、音声は完全に同時に伝わった。ミネアポリスの同僚も、今後はわざわざ私が行く必要はないと言っていた。会議の出席者と顔見知りで、高品質のビデオ会議の設備があれば、フライトに無駄な時間をかけることはない。

会議が必要な場合は、本当に必要な参加者だけに呼びかけて、できるだけ多くの人を解放しよう。これまでは参加者が一五人も二〇人もいる会議も多かった。それでは、人数が多すぎてものごとが進まない。最適な参加者の数に関しては、研究者によって結論が異なるが、一五人や二〇人の会議よりも七、八人の方がいいことは全員の一致するところだ。

会議の数を減らすもうひとつのテクニックは、毎月会議のない日を一日作ることである。そうすれば、あなたは（あなたの部下も）これまで会議に追われて処理できなかった仕事に取りかかれる。また、こうした機会に、あなたも部下も会議がなければどれほど仕事がはかどるかがわかるだろう。ＭＦＳでは、毎月第一金曜を会議禁止の日と決めていた。

そうやって会議の数を減らそうとあらゆる努力をしていても、あまり意味がなさそうな会議に招かれてしまう。そういう会議を避けるにはどうしたらいいだろう？　ノーと言うしかない。時間がないこと、締切のある仕事を抱えていること、その日にほかの用事がたくさんあることなどを丁重に説明すればいい。

外部からの要請に対しては、私は忙しいのでと理由をつけて、自分より適任だと思われる部下に振ることも多い。多くの企業がわが社にサービスを売り込もうと私に会いにくる。そういう場合には、担当の部署に紹介する。たとえば広告会社ならマーケティング部門に、ソフトウェア会社ならシステム部門に振る。慈善団体も寄付を求めて私に会いたがる。彼らが意義のあることに取り組んでいることはわかっているが、その場合も丁重に社会貢献の担当者を紹介することにしている。

社内会議に呼ばれて参加を断るのには、少々技術がいる。行かない理由が会議の内容——または呼んでくれた相手——とはまったく関係なく、自分のスケジュールが空いていないからだということを丁寧に相手に説明しなければならない。参加したいのだが、先約があって行けないことを相手にはっきりと伝えよう。メールで返信しても失礼にあたらない場合は、次のように返事を書こう。「社内監査のベストプラクティスを開発するための会議に呼んでいただきありがとうございます。リスク管理の改善は、わが社にとって非常に重要なことだと私も常々感じています。ですが、その日は翌日の顧客プレゼンテーションの準備をしなければならないので、残念ながら出席できません。せっかく呼んでいただいたのに、申し訳ありません」

では、その会議を招集したのが上司だったら？　断るのは難しい。しかし、上司との間に信頼関係があれば、自分の状況を説明して欠席させてもらうべきだろう。つまり、交渉すればいいのである。締切の迫った仕事がいくつかあることを説明し、その会議に出席することと引き換えに、遅れてもいい仕事、またはやらなくていい仕事がどれなのかを聞いてみよう。たとえば、「その会議に出席はできますが、頼まれた報告書は明日じゃなくて水曜でもいいですか？」と聞くのである。上司はあなたの言い分を聞いて、会議を欠席させてくれる（または最初の方だけ出席したらいいことにしてくれる）か、仕事の締切を変えてくれるだろう。

長すぎる会議とは？

ほとんどの会議は長すぎるとたいていの人が思っている。社内の企画文書にどの部門の名前を最初に載せるかでふたりの社員が四時間も言い争っていた会議もあるという。そんな言い争いは、企業にとって数千ドルの浪費である。仕事はほとんど終わらないのに、給料だけは支払われるのだから。ほとんどの会議は六〇分もあれば充分だし、九〇分を超えるべきではない。一時間半も会議が続くと、たいていの参加者は疲れ切って退屈しているか、イライラして効率よく仕事に取り組むことはできない。

注意力のしくみ

会議のトピックがどれほど重要でも、会議が長いと成果があがらない。その原因は、人間の注意力——注意力の欠如——のしくみにある。一九七〇年代に、ふたりの研究者が九〇をこえる大学の授業に出席して、いつ学生が授業に集中しているか、いつ集中が切れるかを観察した。学生は授業の最初の一〇分から一八分の間、講義を聞きながらきちんとノートをとっていた。しかしそれを過ぎると、気が散り始めた。時計を見たり、ぼんやりしたり、少しうとうとしたりしていた。そしてまたしばらくすると、学生はふたたび講義に集中した。しかし、講義が続くうち、学生はますます注意が散漫になり、ぼんやりするようになっていった。五〇分の講義の終わりの方では、ほんの三、四分話を聞くと、またすぐに気が散っていた。

学生たちはまだ若くて経験もないが、社会人ならもっと集中して聞き続けることができるはずだ。しかし、基本的なパターンは変わらないだろう。最初のうちは非常に集中していても、しばらくすると気が散るようになるのである。

ミーティングを九〇分以内に収めるのは簡単だ。はじめから九〇分と決めておくのである。二時間や三時間のスケジュールを組むと、それだけ長くなる。同じ議題でも一時間と決めておけば、その時間内に終わる。ビジネス・イノベーション・ファクトリー（新たなビジネスモデルや社会のしくみを研究し、イノベーターを支援するグループ）の創立者であるソール・キャプランが言うように、「ミーティングとはありったけの空間に充満してゆくガスのようなもの」なのである。ニューハンプシャーのケーブルテレビ局、ケーブルトロンでは、さらに過激な取り組みを始めている。会議室の椅子を取り払ったのだ。全員が立っているため、決められた三〇分の会議時間が難なく守られる。

部署や事業部の社員全員が参加する社外カンファレンスにも似たような問題がある。こうした社外研修の目的はチーム精神を育成したり、突っ込んだ議論を交わしたりすることだが、たいていの場合は時間が長すぎる。私個人の経験から言わせてもらえば、こうした社外研修は地元のホテルか大学のキャンパスで一日かければ充分である。参加者が全国からやってくる場合には、旅行日程の関係で二日は必要かもしれない。また、世界中から参加者が来る場合には、二日の社外ミーティングをほかのミーティングと組み合わせた方が外部の参加者の時間を有効に使える。しかし、三日も四日もかけるのはどう考えても時間の無駄である。

効率よく会議を行なう方法

会議をできるだけ短くしたり、省いたり、避けたりするよう努めたら、次は、どうしても参加しなければならない会議の効率を上げるよう努めるべきである。表5に表わした、効率的な会議の五つの要素をご覧いただきたい。この五つの要素が欠けた場合、どのような失敗が起きるかもあわせて紹介している。

議題（会議の目的）と事前資料

では、どうしたら会議の効率を上げることができるだろう？　まずはどんな会議にも、議題が必要である。そこに会議の目的が明記されていることが望ましい。また、ほとんどの会議には参考資料が必要である。参加者全員が同じ情報を共有するためだ。上司が会議を招集する場合――また、上司が事前準備に気を回さないタイプの場合――には、あなた自身が事前資料をまとめてもいい。そうすることで会議が円滑に回り、上司も喜ぶだろう。

同僚が会議を開く場合は、参加の条件として、少なくとも一日前に議題と資料を送ってもらうよう依頼する。もし資料と議題が送られてこなかったり、直前に送られてくるようなら、会議に出なければいい。

効率のいい会議	効率の悪い会議
・熟慮の末に設定された一連の目標に基づく明確な議題がある。会議の前日に、招集者が議題とともに参考資料を参加者に送る。参加者は事前に資料を読み、議論に備える。	・議論が具体的な目標に向かって論理的に展開されない。会議の15分前に資料が配られるため、事前にそれを読むことができない。その結果、会議の前半は資料説明で終わってしまう。
・会議の冒頭に、招集者が10分から15分以内で、会議の背景、主な議題、決定すべきことを述べる。	・招集者が、大量の情報を詰め込んだパワーポイントのスライドを次々と説明する。説明が長すぎて、議論する時間がほとんどない。
・短い冒頭説明のあと、参加者が重要な議題を活発に議論する。全員の議論の末に、難しい問題への新たな解決法が提案される。	・そのなかでいちばん偉いエグゼクティブが会議を支配し、ほかの参加者は怖がって確認の質問や反対意見を述べることができない。結局古い議論の焼き直しになる。
・この活発な議論の間、参加者がはっきりと平易な言葉で話す。会議の最後には、全員がお互いの立場を理解している。	・だれもはっきりと意見を言わず、あやふやな言葉や常套句や短縮語を使って中身のない発言をする。したがって、結論もあやふやになる。
・会議の終わり近くに、招集者が全体の結論をまとめ、次にとる行動を示す。それぞれの行動について、参加者全員でそれぞれの責任と締切を決める。	・ミーティングの最後に、いちばん偉いエグゼクティブが具体的な仕事と締切をほかの参加者に押しつける。部下はその計画に賛同していないため、気が乗らない。

表5　効率的な会議の5つの要素

冒頭説明

事前資料がない場合——または、参加者が事前に資料に目を通す時間がない場合——には、会議の冒頭に主催者がポイントを細かく説明しなければならなくなる。私自身、はじめに主催者が大量のパワーポイントのスライドを逐一読み上げるような会議に出くわすことも多い。これは、知的怠慢ともいえる——説明者は調査した情報をそのまま聞き手に垂れ流しているにすぎない。複雑な情報を簡潔にまとめることが、説明者の責任である。

役に立つプレゼンテーションも、長すぎると飽きてしまう。先述の被験者の学生と同じく、社会人も二〇分を超えると集中が切れる。それ以上注意を持続させるためには、説明から議論へと形を切り替えなければならない。会議中のそのような変化は、集中力を「リセット」し、議論の主題にもう一度注意を引き戻す効果がある。

では、参加者が課題をしっかりと理解しているにもかかわらず、会議の招集者がだらだらとパワーポイントのスライドを説明し続けていたら、どうすべきだろう？　そんなときにはちょっとした外交手腕が必要になる。私がリーダーの場合には、だいたい最初の一五分から二〇分が過ぎたころ、丁重に「そこはたしかに重要なポイントですね。ではそれについて議論する時間を充分とりましょう」と言葉をはさむ。主催者があてつけに気づかない場合には、もっとはっきり言う。「あと数分で切り上げて、議論に移ろうじゃないか」。

それでもパワーポイントに固執するようなら、テーブルを叩いてこう怒鳴りたくなることもある。「もう頭にきた！　今すぐやめてくれ！」

複雑きわまりないパワーポイントのスライド

二〇一〇年四月、《ニューヨーク・タイムズ》、《デイリーメール》、《ガーディアン》の各紙は、わかりづらいことこの上ないパワーポイントのスライドを紙面に掲載した。そのスライドはアフガニスタンの米軍将官向けに作られた、難解なフローチャートだった。「連立の意志と参加の認識」と「政府と軍の内部対策」のようなお互いに関わりあう一一九の要素の流れが、ぎっしりと詰まった図である。当時のアフガニスタン駐留軍司令官だったスタンリー・マクリスタルは、「このスライドを全部理解できたら、この戦争に勝てるだろうね」と冗談を飛ばしたほどだ。

そのスライドのコピーを本書にも載せようと考えていた。だが、それを作ったコンサルティング会社の許可が得られなかった。このスライドはいたるところで報道されていたのに、彼らは「顧客との守秘義務」があるので掲載を許可できないとメールをよこしてきた。したがって、そのスライドをご覧になりたい方は、自分で見つけてほしい。きっとすぐに見つかるはずだ――「アフガニスタン　パワーポイント」と検索してみていただきたい。

しかしながら、会議の招集者に非がなくても長くてくどい説明をしなければならない場合もある。会議のリーダーはすべてを正しく行なっていたかもしれない――事前に資料を送り、活発な議論の準備を整えていたとしよう。しかし、リーダー以外のだれも事前資料を読んでいないこともある。そんなときには、冒頭でリーダーが予定以上の時間をかけて説明しなければならなくなる。

あなたが会議の責任者のときにそれが起きたら、わざとみんなにかまをかけてみるといい。事前に全員が資料を読んでいる前提で会議を進め、最初に二言、三言話したらすぐ議論に入る。その会議は失敗するだろう（なので、あまり重要でない会議のときにやってみよう）。だが、次の会議からは、ほかの参加者も宿題をしてくることは請け合いだ。

活発な議論を促す

参加者のなかでいちばん偉いエグゼクティブが議論を支配することは多く、これはやっかいな問題だ。上司というものはえてして、自分の発言が部下に与える影響を軽く考えている。ある会議でフィデリティの会長であるネッド・ジョンソンが、本社近くの大木の位置についてなにげなく愚痴をこぼしたことがある。その後三日としないうちに、その木は数百ヤード離れた場所に移されたが、これには二〇万ドルを超える費用がかかった。金額を聞いたネッドは、自分のなにげない発言が命令と受けとめられたことに絶句したという。

しかし、一方で上司は会議が脱線しないように導く責任もある。なんの決まりもなくリーダーもいない会議は、混沌として効率も悪い。会議のリーダーは、議題にそって全員が議論に参加するよう促さなければならない。

ここでふたたび「修正可能な仮説」（第二章「最終的な結果を念頭に置く」をご覧いただきたい）を設定すれば、落としどころが見つかるはずだ。仮説を立てることで、上司は議論を支配することなく会議に集中できる。たとえば、「取り組みが必要なのは、この分野だ。難しい分野だし、いろいろな対処法があると思う。私がいま考えているのは、このようなやり方だが、間違っているかもしれない。遠慮なく反対意見や対案を出してほしい」と言うのである。そして、今度は聞き役に回る。だれかがいいアイデアを提案したら、喜んで自分の仮説を捨てるか、修正しなければならない。

しかし、国や地域の文化によっては、部下が上司の提案に反対しにくいこともある。議論を始めるにあたって、だれかに口火を切ってもらうよう事前に頼んでおくのもいい。または、参加者全員に順番に意見や疑問を聞いてもいい。

たとえアメリカでも、あえて反対意見を述べてくれる人を決めておくことをお勧めする。提案に対する異論、たとえば強力なライバルの存在や規制の壁などを指摘してもらうのである。そうすれば、異論をじっくりと考えずに全員が提案に賛成するような、「出来レース」にならずに済む。私自身も幾度となく経験してきたが、あたかも強いライバルなど存在せず、経営資源の制約もないかのように会議が進められていくことが多すぎる。

気が散る要因を取り除く

会議中に気にさわるおしゃべりで全員の集中が妨げられた経験は、だれにでもあるはずだ。ミーティングのリーダーなら、恐れずにおしゃべりを指摘するべきだ。たいていの場合は、その人たちを睨めば済む——相手はしまったと思い、たいていはおしゃべりをやめる。相手がそれに気づかない場合、このような短いメモをそっと渡す。「おしゃべりのせいでみんなの気が散ってしまいます」。それでもわからないようなら、ミーティングを中断し、会議に集中するよう丁重に求めるといい。

また、私は携帯の呼び出し音はかなり失礼にあたると思っている。議論が中断するし、なによりその本人も恥ずかしい——呼び出し音が陽気なヒット曲だったりすると、とくにそうだ。なので、会議のはじめにかならず携帯をマナーモードにしておくよう求めるべきだ。もし絶対に出なければいけない重要な電話があれば、会議室を出て電話に出ればよい。

わかりやすい言葉で話す

会議に実りがないのは、参加者がビジネス用語を多用してものごとの本質をわかりにくくしているからだ。たいていは、中身のない発言をビジネス用語で取り繕っているのである。

たとえば、「シナジー」という言葉がそうだ。投資家へのプレゼンテーションの際、CEOが買収や合併の提案を正当化するために「シナジーがある」、または「合併によりシナジーが生まれる」と言うことは多い。プロの投資家がこの手の「魔法の言葉」を聞くと、たいていはその株を売る。どうしてか？　もし合併に合理的な理由があれば、たとえば費用の削減や特許の取得などが挙げられるなら、CEOはそう言うはずだからである。「シナジー」という言葉を出すこと自体、その案件にはっきりした理由がない証拠で、あやふやな取引を前向きに見せかけようとしているしるしである。

私が嫌いなもうひとつの中身のないフレーズは、「ゼロベースで考える」である。これは、これまでにない斬新な問題解決法を考案してほしいときに使う表現だ――たしかに、その考え方は理にかなっている。だが、言葉に手垢がつきすぎて、ほぼ意味をなしていない。いまでは、単に過去の実績を超えるものという意味の常套句になっている。私の経験では、「ゼロベースで考えてほしい」と言う上司こそ、ゼロベースで考えていない。

同様に、意味のあやふやな略語を多用すべきでない。たとえば、CEO（最高経営責任者）やNYSE（ニューヨーク証券取引所）といった一般的な略語は、ほぼみんなが理解できる。また、組織内で通用する部署や手順の略語もある。全員が当たり前に知っている略語を使うのは、まったく問題ない。しかし、それが行き過ぎると、新入りが会話に入れなくなってしまう。

この間首都ワシントンDCで出席した会議では、数名の参加者がEGTRRAという言葉を使っていた。あとになって、それが二〇〇一年の経済成長減税調整法、つまり「ブッシュ減税」のことだと知った。その後に出席したある企業の社内会議で、会話の中心になっていたのはICD（植え込み型除細動器）のOEM（製造委託）についてだった。私にとってはどちらの略語もすぐにはピンとこなかったため、議論についていくのに苦労した。新入りの学習速度を上げるためには、業界やその企業固有の略語の一覧表をまとめて自由に閲覧できるようにすべきだろう。

全員の賛同を得る

会議にはきっちりとした締めが必要だ。だれがいつなにをするかについて決めなければならない。それを一覧にして、参加者全員に配るべきである。だが、上司の命令による「上からの指示」ではなく、会議に出席した全員の賛同が得られてはじめて、その分担は実行される。

私は会議の最後にかならず、「次にすべきことはなにか、だれがそれをするのか、いつまでにするか」と聞くことにしている。全員がすべきことに賛同し、担当者みずからが締切を決める方がいいからだ。私は、予想外の遅れや問題の誤差を考慮して締切を決めるように伝えるだけだ。

参加者自身に次の行動と締切を設けさせることで、私はみんなに所有者意識を持たせようとしているのである。これは、「イケア効果」と呼ばれるもので、あの組み立てが難しい家具で知られるイケアにちなんだ法則である。自分で一生懸命組み立てたタンスや本棚は、店で売っているものよりもいいものに思えるという。それと同じく、自分で締切を決めれば、きちんと守ろうと励むようになる。実際に、参加者は私が依頼するよりも短い締切を自分で設ける。

心に留めておくこと

① 会議が本当に必要かをよく考える。メールや電話でも効果的に情報を共有することはできる。

② あなたの目標の達成に役立たない会議や、実りのない会議は、丁重に断る。

③ 上司による実りのない会議は、仕事が多いことを理由にして、なるべく出席回数を減らす。

④ できるだけ短時間で会議を終える――最長でも九〇分に抑える。

⑤ 会議の前日までに資料を配り、参加者がきちんと準備できるようにする。

⑥ 会議の冒頭の説明は一五分から二〇分に抑える。延々とパワーポイントのスライドを映して、参加者を死ぬほど退屈させないように。

⑦ 冒頭の説明が終わったら、重要事項についての活発な議論を促す。そこでいちばん偉いエグゼクティブは、反論を快く受け入れなければならない。

⑧ ビジネス用語は最低限に——くれぐれも「シナジー」などと言ってはいけない。

⑨ 新入りが議論に参加しやすいように、よく使う略語の一覧を作る。

⑩ 会議の最後に、だれがいつまでになにを行なうかを全員で決めるよう求める。

part 3
個人のスキル向上法

成果をあげるプロフェッショナルに必須の個人のスキルは三つある。読むこと。書くこと。話すこと。パート3では、この三つのスキルを磨くことを助けよう。本書はキャリアに焦点をあてているため、娯楽小説の読み方や、小説の書き方や結婚式でのスピーチの仕方などについては触れていない。

私の言いたいことは、どの章でも同じである。まず、はじめにじっくり目標を考えること。次に、具体的なテクニックを使って効率を上げること。本書で紹介するテクニックがこの三つの分野すべてのスピードを上げることになれば幸いだが、私の狙いはむしろ生産性を上げること――すなわち、同じ時間を使って結果の質と量を向上させること――である。

第七章　要領よく読む

その昔、理系学生ふたりの読解力を高める手助けをしていたとき、化学の教科書の二〇ページほどの章のどこに彼らが下線を引いているかを調べてみた。片方の学生は一行おきに下線を引いていた。もう片方の学生はその章のなかで三つの文だけにしか下線を引いていなかった。そのことから、どちらの学生も読解力が乏しいことがわかった。ひとつの章のなかに、それほど重要な文が多い――または少ない――ことはありえないからだ。

このふたりはめずらしい例ではない。二〇〇三年に、数千人のアメリカ成人を対象に読解力の大規模な調査が行なわれた。その結果、アメリカ人の大学卒業生のうち、「充分な」読解力があったのは、たった三一パーセントだった。

ニュースを読む

効率よく読むには、読む目的を明確にし、それを常に念頭に置かなければならない。この原則をしっかりと守り、私は毎朝一時間もかけずに四紙に目を通している。ここで、私流の読み方を紹介しよう。

・**ボストン・グローブ**　マサチューセッツ州の政治関連のニュースと、ボストン拠点のスポーツチームのニュースを知るために読む。まず一面と地域面の最初のページをさっと読み、すばらしいスポーツ面に軽く目を通す。それだけだ。国政については《ニューヨーク・タイムズ》を読み、ビジネスに関しては《ウォール・ストリート・ジャーナル》を読む。

・**ニューヨーク・タイムズ**　国政について知るために読む。一面を読み、面白そうな残りのトップ記事だけに目を通す。また、最新の時事問題に対するリベラル派の見方を知るために社説を読む。ほかの面は、見出しにつられそうになってもあえて飛ばし、時間があるときの楽しみにとっておく。

・**ウォール・ストリート・ジャーナル**　精緻で包括的なビジネス記事が掲載される《ウォール・ストリート・ジャーナル》には、もっとも時間をかけている。一面の見出しに目を通し、重要な記事は最後まで読む。また、時事問題に関する保守派の見方も頭に入れておくために社説を読む。

・**フィナンシャル・タイムズ（FT）ロンドン版**　最後に《FT》の国際問題の見出しに目を通す。国内紙では詳しく解説されない国際経済や政治問題についての記事があるからだ。アメリカ関連の記事は飛ばして、国際問題について多角的な視点が得られる社説を読む。

個人的には、オンライン版よりも紙版の方が読みやすい。インターネット以前から、長年紙版に慣れ親しんできたからだ。しかし、若い世代は信頼できるオンラインの情報源からニュースを視聴する場合も多く、もちろんそれでもかまわない。

私の調査アシスタントは、いつも朝いちばんにオンライン版《ニューヨーク・タイムズ》などの伝統的な情報源の見出しを拾い出す。我々の調査に関連する記事があれば、最後までその記事を読む。より深く分析するときには、さまざまな派閥の政治ブログを読むことも多い。政治専門のブロガーたち——と彼らのページに貼られたリンク——は、新聞記事よりも深い知見を与えてくれることも多い。とはいえ、ブログの情報量はものすごいので、新聞を読むときと同じく、目的を常に念頭に置いておく必要がある。

個人的な趣味以外で定期購読しているオンラインと紙のすべての情報源をリストアップする。各情報源の横に、購読の目的——政治、ビジネス、スポーツ、などど——を書きとめる。次に、読み方を振り返ってみる。目的を常に念頭に置きながら読んでいるか？　面白そうな見出しがあると、ついそっちに気が向いていないか？　それから、各情報源の横に、毎週その購読に費やす時間を書き込む。キャリアの目標に照らして、現在の時間配分は適切だろうか？　もしそうでないとしたら、目的に合うところだけを読むか、購読自体を止めた方がいい。

目的を知る

このやり方で新聞を読む訓練をすれば、目的を念頭に置いて読む習慣が身につく。ここで、リーディングの主な目的と、私流の読み方がその目的をどう助けるかを見てみよう。

1　トレンドを把握する　近頃、アジア女性の婚姻率が下がっているという《エコノミスト》誌の記事を読んだ。その統計をすぐに使うあてはなかったが、人口構成の変化が公的年金の計画に影響を与える記述があとで必要になるかもしれないと思った。そこで、おおまかなトレンドを頭に入れるためにこの記事にざっと目を通した。

2　具体的な事実をチェックする　反対に、細かい事実を知るために読むこともある。取締役会の準備をするときには、覚書や四半期業績の報告書をしっかりと読み込む。取締役との議論に備えて、重要な指標や要点を頭に入れておきたいからだ。

3　新たな情報源を発見する　私は記事の情報源や関連トピックの情報源を探すためだけに新聞を読むことも多い。その場合には、記事は飛ばし読みして情報源に言及がある箇所を見つける。私の調査アシスタントもまた、ブログをざっと読み飛ばしてリンクやデータソースを探している。

4　分析・評価する　新商品の立ち上げの際、競合状況や初期の収益予想が描かれた事業計画を評価することもある。事業計画を読む場合は、その前提に注目する。事業計画の基になる前提に裏づけがなければ、収益予想には意味がない。

5　仕事に役立てる　上場企業の顧問弁護士だったころ、財務諸表を投資家へ公開する前に私がチェックしていた。今後問題になりそうな事柄について充分な情報開示を行なうことで、顧客からの訴訟リスクを減らすことが私の仕事の一部だったからだ。もしあなたの仕事にこうした特殊な目的がある場合は、その目的を常に念頭に置いて、なにを読むか、それにどのくらいの時間を費やすかを決めるべきである。

アクティブ・リーディング——三段階方式

次の三段階方式で、アクティブ・リーディングを実践してみよう。

1　構成を把握する

2　前書きと結論を読む

3　段落の最初の文章を拾う

速読 VS 能読（効率よく読むこと）

この章は、速読の技術を伝授するものではない。速読とは、毎分読む言葉の数を増やす技術である。速読の第一人者であるエブリン・ウッドは、文の下に指かペンを置いて素早く動かしながら読む方法を勧めている。しかし、この方法には生物学的な限界がある。人間の目が一度に認識できる文字数は八から一〇文字であり（自分で試してみるといい）、一秒間に四〜五回しか目を動かせない。ということは、一秒間に読めるワード数はおよそ五ワードなので、一分間に最大三〇〇ワードが限界である。

それと反対に、私のアクティブ・リーディングは、言葉や文章を読み飛ばす方法である。こうすれば、自分が頭に入れたい内容に集中することができる。つまり、毎分読むワード数を増やすのではなく、減らすことによってスピードを上げるのだ。

1　構成を把握する

たいていの人は、なにも考えずに最初の文章から読み始める。短時間で情報を引き出したいなら、それではダメだ。文書を読み始める前に、少し時間をとって全体の構成——冒頭と締めになにが書かれているか、トピックはどう分類されているか——を把握した方がいい。書籍や長い文書なら、目次を見る。短い読み物なら見出しを拾う。そうすれば、著者の方向性があらかじめわかるので、読む速度が上がり、理解も深まる。

ユッカ・ヒェーナとロバート・ローチの二教授は、いくつかの実験を通して、読者が文書の構成をどう把握するかを調査した。ある実験で被験者の目の動きを追跡したところ、読者の多くが題名や見出しを活用していないことがわかった。主題の文章や見出しといった重要な構成要素に特別な注意を払っていたのは、四〇人の被験者のうちわずか七名だった。ほとんどの被験者は意識せずただ順番に言葉を追っていただけだった。

左から右に文字を追うだけでは、簡単で便利な要領のいい読書法の恩恵に与れない。ヒェーナとローチの両教授はその後、文書を理解するうえで見出しが非常に重要な役目を果たすことを発見した。ふたりは成人被験者にランダムに二種類の文書の一方を読ませた。二種類の文書の内容はまったく同じだったが、片方には章の始めに目立つ見出しがついていた。もう一方の文書には見出しがなかった。その結果、見出しのある文書を渡された被験者は、読む速度が速く、記憶も確かだった。構成がわかりやすかったおかげで、一方の被験者ははるかに効率よく読めたのである。

見出しを読むことがいかに大切かを示すため（また、要領のいいリーディングの事例として）、短い文章を抜粋し、巻末に添付している。これは、私が《ハーバード・ビジネス

・レビュー》誌に寄稿した「プロの取締役会のすすめ」という記事の抜粋である。仕事で読む文書の例にもれず、この記事も内容が濃く、いくぶん専門的でもある。しかし、仕事に必要な読み物がすべてトム・クランシーの小説のように読みやすいものばかりなら、この章は必要ないはずだ。

この記事は、見出しを先に読むことの大切さを示すいい事例である。まず、記事を読んでみてほしい――とくに前半の見出しに注目していただきたい。見出しだけを読んで、プロの取締役会について私の主張したい要点がどこまで理解できるだろうか？　三つの要点すべてである！　取締役会の質を上げるには、「少人数」、「高い専門性」、「時間のコミットメント」の三点が必要であることは、見出しから一目瞭然だ。この見出しを念頭に置いて読めば、それぞれの要点を裏づける論拠が読み取れるはずだ。

2　前書きと結論を読む

ほとんどの人はなにも考えず、はじめから読み始める。まず、前書きを読み、次に本文、そして結論へと進んでいく。順番どおりに読むのが道理だと思いがちだが、それでは効率がよくない。構成を把握したら、以下のように読み進めてみよう。

まず、前書きをじっくり読む。その際、テーマとなる文章や、論文や章全体のまとめになる段落を探しながら読んでみる。テーマとなる文章や段落は、読み物全体の考え方や内容を要約している場合が多い。次に、結論に飛ぶ。なぜかといえば、結論が著者の言いたいことだからだ。たいていは、そこに著者の主張が要約されていて、上手な結論の場合には読者への教訓が著されている。著者の狙いを知ったうえで、本文を読み始めた方がいい（本文の読み方については、後ほど述べる）。

本文の前に前書きと結論を読むメリットを示す例として、付録1をもう一度ご覧いただきたい。まず、前書きを読んでほしい。そうすれば、SOX法の内容と、なぜ私がこの法律を不十分だと思っているかがわかるはずだ。また、この前書きを読めば、記事の道筋——その構成——がわかるだろう。

機能不全の取締役会に対する解決策は、全体を総括した結論部に書いている。とくに、結論部の最初の段落に注目してほしい。この段落の最初の三つの文章に、私の提案の三つの柱が述べられている。少人数、高い専門性、時間のコミットメントだ。また、結論がただの要約よりも深い点に言及していることにも気づくだろう。結論部では、追加的な知見、つまり私の提案を実行するためのさまざまな方策についても触れている。

3　段落の最初の文章を拾う

前書きと結論を読んで要点がだいたいつかめれば、安心して本文を拾い読みしていい。というのも、すでにこの時点で的が絞られているからだ。ここでは、要点をより深く理解したり、複雑な概念をはっきりさせたりする。たいていの場合は、拾い読みすることで、いちばん重要な部分に集中できる——それ以外の部分は飛ばしてかまわない。

読解力を高める拾い読み

ユタ大学の研究者が、大学生の試験勉強の方法を調査する実験を行なった。学生に長い読み物を渡し、読後に内容に関するテストを行なうと告げた。学生たちは、章ごとの勉強方法（たとえば、下線を引く、拾い読みをする、章をまとめる、要点を書き出す、なにもしないなど）を研究者に教えるよう指示された。研究者は、勉強方法別に学生たちを六つのグループに分類し、グループごとに内容についての記憶テストを行なった。

研究者たちは、六七人中わずか六人しかいなかったあるグループを、「優れた戦略家」と評した。このグループは、内容の難易度とそれに関する自分の知識量によって、章ごとに勉強方法を変えていた。「優れた戦略家」たちは、とるに足らないと思われる文章を飛ばし読みする傾向がはるかに強かった。それでも重要な情報を見逃してはいなかった。それどころか、より重要そうな箇所に注意を傾け、その部分に頭を使っていたのである。その結果、このグループはほかのグループに比べて記憶力テストの成績がよかった。

残念ながら、学校では拾い読みは悪いことだとされている。教育者や評論家たちの多くは、拾い読みはただの怠慢だと思っているようだ――もちろん、それが正しいこともある。サスカチュワン大学の二教授は、大学生の教科書の読み方を調査した。当然ながら、教科書を実際に（しっかりと）読んだ学生は、「拾い読み」した学生よりも、その授業でよい成績を収めていた。しかし、この場合は「拾い読み」といっても、ただページ上の文字を追っていたにすぎない。「学生のなかには、教科書の指定箇所をすべて目で追えば、奇跡のように全部を憶えられると思っている者もいた」と教授たちは言う。ざっと流し読みしておいて、あとでもう一度じっくり読もうと思っていた学生もいる――が、たいていはそうしない。

私が言っているのは、そうした受け身の拾い読みではない。記事や章の本文を能動的に拾い読みするには、各段落の一文目を読む必要がある。いい書き手は、段落の頭にテーマとなる文章を置き、その後にテーマを支える事実や議論を続ける。最初の文章を読めば、その段落の残りを読むべきかどうかがわかる。

残りの部分を読んだ方がいいかどうかを判断するには、こう自問してみるといい。残りを読めば、読書の目的をかなえることになるか？　目的が特定の事実を探すことや、新しい情報源を発見することであれば、答えは簡単だろう。探している事実や情報源がその段落にある場合だけ、残りを読めばいい。

中心となる主張を理解することが目的なら、ことはより複雑だ。そのために充分な情報が段落の一文目に含まれているかをまず判断しなければならないし、判断できなければ残りの文章を読むしかない。不案内な分野の場合には、いつも以上に時間をかける必要がある。基礎知識がない分野の文章が理解しにくいことは、研究でもくり返し証明されている。

分析や評価が目的であれば、さらに慎重な判断が必要となる。段落の最初の文を読んで、残りの文章が新たな議論を展開しているか、または手垢のついた議論の繰り返しなのかを判断しなければならない。ありがちな世界観を覆す内容だと思えば、しっかりと読んだ方がいい。ここに著者の主張の核心がある場合も多い。思い入れのあるトピックならとくに、じっくりと読むべきである。人間は、自分の感覚的な結論を裏づける証拠ばかりに目がいき、明らかな反証を軽視する傾向があるからだ。

付録1をもう一度読んでいただきたい。みなさんは、おそらく読みながら記事の主旨を拾おうとしているはずだ。そうでない場合には、もう一度見出しを見直し、前書きと結論を読んでみよう。次に、「取締役の人数を減らす」の章の各段落の最初の文を読む。一文目を読んだあとに、段落中の残りの文章をざっと見て、じっくり読むべきかどうかを判断する。読まなくていいと思ったら、次の段落に進む。

私ならこうする。

最初の段落（「二〇〇八年に破綻した」で始まる段落）は、最初の文だけを読めばいい。この段落の残りは、最初の文を支える事実——破綻した金融機関の取締役会の大半は大人数だったこと——が述べられているだけだとすぐにわかる（具体的な事実を知りたければ、残りの文をしっかりと読む。破綻した取締役会の事例が描かれているからだ）。

次の段落（「とはいっても」で始まる段落）は、全部読む。取締役会が少人数でなければならない理由——この章の核心——を述べているからだ。

第三段落（「集団心理の研究によると」で始まる段落）は、最初の文を読んだら、あとは拾い読みでいい。残りの文章は、一行目に書いた六〜七人の取締役会の裏づけとなる研究の詳細が書いてあるだけだ（主張内容の評価が目的なら、この研究について詳しく知るために段落全体をしっかりと読んだ方がいい）。

第四段落（「六人の社外取締役」で始まる段落）は、一文目だけ読む。最初の文を読めば、この段落にはとくに知る必要のない取締役会の詳細が書かれていることがわかるからだ。

おわかりのように、段落の最初の文章を読むことは、受け身でなく攻めの手法である。一文目を読んで、その段落を読むかどうかを判断するのである。残りを読めば、自分が知らない知識を大幅に増やせるだろうか？　たいていの場合は、そうでもない。

アクティブに記憶する

論文や記事を読むときには、そのなかで記憶したいことはなにかと絶えず自問しなければならない。これは、先ほど述べた読む目的と密接につながるが、時間軸が異なる。目的は読む前と読みながら考えるものである。記憶したいことは、読む間とその直後に考える。

甥たちが高校生のとき、私は彼らのために記憶すべきことに集中できる方法を編み出した。歴史や理科の教科書を読んだ直後に、ひと月後の試験に備えて憶えておきたいことを箇条書きにさせたのである。これを何度かやってみたあと、次は二、三の重要な段落を探すことを念頭において教科書を読ませてみた。しばらくすると、甥たちはテストでいい成績がとれるようになったばかりか、文章を読む速度も上がった。

　みなさんも同じような練習をしてみるといいだろう。本書を読みながら、あなた自身の読書の目的に関連するいくつかの重要なポイントを抜き出してみよう。具体的な事実を学ぶことや新たな情報源を発見することが目的なら、そうした事実や情報源を書き出してみるといい。主旨を理解するためなら、それらを短くまとめてみるといい。


　付録1を使って、上手に要約する練習をしてみよう。記事の主旨について憶えておきたい要点を五つから八つほど書き出してみる。はじめから要点を探しながら読んでいれば、もっと速く読めたのではないだろうか？

　以下に、例としてこの記事の七つの要点をまとめてみた。みなさんのまとめには、私の挙げた要点がすべて含まれていただろうか？　もし違うとしたら、あなたの見逃した要点は、憶えておくべきものだっただろうか？　みなさんのまとめには、私が見逃した要点が含まれていただろうか？　それは本当に重要な点だったのか？

1　SOX法の新たな規制は、適切な企業統治を保障するには不十分である。企業統治の改善には、取締役会を根本から変える必要がある。

2　大人数の取締役会は機能しない。周囲の顔色ばかりうかがって、大胆な手を打つことができないからだ。六人の社外取締役で運用する方がいい。

3　一般的な知識よりも、業界の専門知識を持つ取締役が必要である。したがって、業界での経験が豊富な取締役を雇い入れなければならない。

4　取締役は通常、平均で年間二〇〇時間ほどをその企業のために費やしている。しかし、大企業の事業内容を完全に理解するにはこれでは足りない。取締役の報酬を上げ、もっと長時間コミットしてもらうべきである。

5　引退したエグゼクティブのなかには、プロの取締役の適任者が数多く存在する。

6　プロの取締役は、忠実かつ勤勉に任務を遂行しているかぎり、大きな法的リスクにさらされることはない。

7　権限の一部が経営陣から取締役へ委譲されるが、取締役会のメンバーは会社の日常業務には関与しない。

主張内容の評価は、要約よりも難しい。この目的のために憶えておきたいことを整理する場合には、主張の主な裏づけを書きとめておくといい。引用された研究と事例。それを支える論理。それに対する反論。この記事の主張の裏づけは次のとおりである。

・集団心理と統計に関する研究の引用。平均的な取締役会の人数は多すぎると主張している。

・三つの事例――シティグループ、暫定CEO、製薬会社のメルク――を紹介。業界経験のない取締役が多いことを示している。

・簡単な概算から、ほとんどの取締役は取締役会関係の仕事に年間二〇〇時間しか費さないことを示している。著者はこれでは不十分だと主張する。

・引退したエグゼクティブのなかから優秀なプロの取締役を雇うことを勧めている――取締役の定年の引き上げと併せて行なう必要がある。

・プロの取締役の報酬を上げても、人数を減らせば取締役会全体の人件費はそれほど変わらないはずだと想定している。

・判例を引用し、忠実勤勉なプロの取締役なら、大きな法的リスクを負うことはないと主張している。

このリストを作ったら、次は各項目を評価するという力仕事が待っている。すなわち、引用された研究を詳しく調べ、私の論理が正しいかどうかを客観的に評価するのである。そして、これらの項目が全体として私の主張である「プロの取締役」の必要性を裏づけるものかどうかを判断しなければならない。この評価のプロセスは簡単ではないが、記事を読みながら主張を支える裏づけを書きとめれば、よりそこに集中できるはずだ。

心に留めておくこと

①一分間に読むワード数を増やそうとしてはならない。逆に減らしてスピードを上げる

——目的に関連のある箇所を拾い読みする。

②読み物を手にとる前に、その目的をよく考える。著者の考え方全般を学びたいのか？具体的な事実を知りたいのか？

③新聞やその他の情報源について、読む理由をはっきりとさせておく。特定の新聞または情報源でなければ得られない情報とはなんだろう？

④読む前に全体の構成を見る。とくに、見出しに注目する。見出しを見れば、構成と主題がだいたいわかる。

⑤前書きをしっかり読む。そのなかに、全体を俯瞰するような、主題やテーマとなる文章と段落を探す。

⑥本文の前に結論を読む。結論部には、著者の着地点と要点がまとめられている。

⑦本文の各段落の最初の文章を読む。そうすれば、目的に照らして段落全部を読むべきかどうかを判断できる。

⑧ あなたがすでによく知っている点を繰り返している段落や、あなたの目的にとって重要でない段落は、読み進めなくていい。

⑨ 記憶したい事柄を探すよう常に心がける。

⑩ 主旨を知るのが目的なら、憶えておきたい主旨を読み終えた時点で簡単に要約する。

⑪ 内容を評価することが目的なら、主張の主な裏づけをそれぞれ書き出してみる。そうすれば、これらの裏づけに的を絞って議論を掘り下げられる。

第八章　読みやすく書く

　知識労働者にとって、書く技術は必須のものである。組織の内外に向けて情報を伝え、他者を導き、説得するために文書を作成しなければならないからだ。

　残念ながら、上手な文章にはめったにお目にかかれない。ビジネススクールには口達者な生徒は多いが、試験の答案を見ると書き方がまるでなっていない。会社でも、非常に頭がよくすばらしい新商品を思いつくのに、その商品をうまく文章で説明できない人がいる。政府機関でも、ディベートでは非常に説得力のある官僚が、同じことについての報告書となると、回りくどく要領を得ない文章を書いてしまう。

　メールが主流になるにつれ、書く技術はこれまでになく生産性の向上に不可欠となっているのに、多くのプロフェッショナルはきちんとした訓練を受けていない。アメリカの大企業経営者が所属する経済団体、ビジネスラウンドテーブルの試算によると、会員企業が社員に文章術の講習を受けさせるために使う費用は年間三〇億ドルにものぼるという。下手な文章は、多くの点で生産性を下げることになる。読みにくいマニュアルは、顧客を怒らせる。わかりにくい社内文書は、従業員をとまどわせ、誤解を招き、社内に緊張を生み出す。

アウトラインを作る

友人のジョージは中世史の専門家だ。だが、研究を終えてから論文を書くのに一年以上もかかってしまう。なぜだろう？　それは、書く途中に、いつも「行き詰まる」からだ。論文の方向性がわからなくなると、書く手を止めてしまうのである。

臨床心理士のダイアンは、長い論文の結論部に書き進むまで、自分がなにを言いたいかわからないという。残念ながら、結論とその他の部分が合わないので、本文を書き直すはめになってしまう。

ふたりとも、はじめにアウトラインを作ればいいのである。ジョージは論文の方向性が定まれば行き詰まらないし、ダイアンは予想外の結論に至らなければ本文を書き直す必要はない。

このふたりの事例が示すように、ものを書くときには、段階に分けて考える必要がある。

まずは、全体の青写真を作る段階。次に、その青写真を文章に落とす段階だ。第二章で述べた、結果に集中するという原則を思い出してほしい。これも同じような考え方である。書き始める前に、おおまかな全体像を作っておくのだ。なんの計画もなく書き始めれば、かならず壁にぶつかってしまう。

なぜアウトラインが大切なのか?

計画しながら同時に書くのは至難の業だ。書く作業は「作業記憶《ワーキング・メモリ》」の大部分を使用するからである。作業記憶とは、情報を取り込んで処理するための脳内の空間で、理由づけや学習といった高度な作業が行なわれる場所である。書きものの最中に言葉を文章や段落に落とし込む作業をするのも、この部分だ。しかし作業記憶には限界がある。処理できる情報量が限られているのだ。

心理学者のロナルド・ケロッグ教授は、書く行為に含まれる諸作業——計画、著述、推敲——が、ひとつの脳内資源を奪い合っていることを実証した。したがって、まず全体像を示すアウトラインを作れば、原稿に向かうときに思考を文章に落とす作業に専念できるのである。

また、ケロッグ教授は対照実験を行ない、アウトラインを作ることで文章の質が上がることを証明している。まず、学生を無作為にふたつのグループに分ける。一方のグループには五分から一〇分与えてアウトラインを作らせ、もう一方にはアウトラインを作ることを禁止する。アウトラインを作ったグループは、レポートもうまく書けていた——それは、書いている間は文章に落とし込む作業に専念できたからだ。結局、アウトラインを作ったグループは、アウトラインを作る時間を含めても、アウトラインのないグループと同じ時間で書き終わった。つまり、アウトラインを作ることで、同じ時間内に質の高いレポートが書けたのである。

私は、きちんと体系化された手順で、アウトラインを作る。まず最初にブレインストーミングを行なう。次にアイデアを分類する。そして、最終的な原稿のアウトラインを作るのである。

・**ブレインストーミング**　白紙の紙を一枚手にとり、題材に関係のある項目を全部書きとめる。この時点の目的は、できるだけたくさんのアイデアを出すことだ。順番は考えなくていい。

・**分類**　次にアイデアをさまざまなカテゴリーとサブカテゴリーに分類する。こうしてアイデアをグループ別に整理する。これがアウトラインを組み立てる土台になる。

・**アウトライン**　それから、グループのさまざまな組み合わせを考える。最後にこのグループを論理的な順番に並べ、アウトラインを作る。

さて、ここであなた自身がこの三段階のやり方を実践してみる番だ。「環境にやさしい」企業を目指した「グリーンプロジェクト」を立ち上げるために、経営陣に向けて短いレポートを書くよう上司に頼まれたとしよう。

この章では、グリーンプロジェクトの例を繰り返し使うことにする。だが、次のふたつの設定の方がよければ、好きな方をひとつ選んでくれてもいい。

・あなたがテーマパークの従業員だとする。新たに一〇名の俳優を雇い、動物の着ぐるみを着せてテーマパーク内を歩きまわらせるよう、人事部長を説得するための文書を書く。

・あなたが大手食品会社の研究部門に勤務しているとする。肥満を防止するシリアルまたは飲料を開発する資金を事業部長に依頼する文書を書く。

まず、紙を一枚手にとって、ブレインストーミングを行なう。どんな思いつきもすべて、この紙に書きとめる。整合性を考える必要はない。どのくらい多様な発想ができただろうか？　例として、経営陣向けのレポートに使えそうなアイデアを思いつくままにリストアップしてみよう。

ステップ1　ブレインストーミング

企業イメージ
リサイクルを増やす
窓を取り換える
エアコンの設定温度を上げる（下げる）
燃料費
節税
公共交通機関の定期券
改装費用

カーボンオフセット（CO2排出量の相殺）
使い捨てカップの廃止
商品パッケージのデザインを変える
新しい電球
社用車のハイブリッド化
自宅勤務
正しいことを行なう

次にあなたのアイデア（と私のアイデア）をグループに分類する。関連のありそうな項目をまとめるのに使った分類は次のとおりである。アウトラインを作る準備として、分類項目を論理的な順番に並べてみた。ブレインストーミングで出たアイデアのなかには、どの分類にも入らなかったものもある——まさしく、重要でないアイデアを捨てることも、ものを書く際の重要な要素なのである。

ステップ2　分類

・エネルギー
　窓を取り換える

エアコンの設定温度を上げる（下げる）
　新しい電球
・ゴミ
　リサイクルを増やす
　商品パッケージのデザインを変える
・損益
　燃料費
　節税
　改装費用
・移動
　公共交通機関の定期券
　自宅勤務
・隠れたメリット
　正しいことを行なう
　企業イメージ

さて、いよいよ最後の段階だ。この分類からアウトラインを作る。この段階で、聴衆について考える。つまり、会社の経営陣だ。彼らがいちばん気にかけることはなんだろう？　彼らに向けたもっとも説得力のある論理的な順番はどのようなものだろう？

ここで、アウトラインの例を作ってみた。アウトラインに前書きと結論をつけ加えていることに注意してほしい。また、ふたつのカテゴリーをそれぞれふたつの共通のテーマでくくってみた。テーマのひとつは、環境にやさしい企業になるにはどうすればいいか。もうひとつは、そのメリットはなにかである。最後に、損益の項目を、隠れたメリットの前に繰り上げた。経営陣はおそらく目に見える財務への影響をもっとも気にかけるはずだからである。

ステップ3　アウトライン

前書き
方法
・エネルギー
　エアコンの設定温度を上げる（下げる）
　窓を取り換える
　新しい電球

・ゴミ
　リサイクルを増やす
　商品パッケージのデザインを変える
・移動
　公共交通機関の定期券
　自宅勤務
理由
・損益
　燃料費
　節税
　改装費用
・見えないメリット
　正しいことを行なう
　企業イメージ
結論

どう構成するか

アウトラインができたら書き始めよう。どんな文書にも必要な三つの要素は、前書き、結論、そして本文だ。前章の「要領よく読む」ことと同じ要素である。これはたまたまではない。読者が読みやすいように書くべきなのである。

前書きから始める

いい前書きは、次の三つの役割を果たす。

・読者に背景を知らせる

・テーマをはっきりと示す

・構成を説明する

まずはじめに、読者は、なぜ著者がこの文章を書いているのか、その背景となる事実を理解する必要がある。例として挙げたレポートの場合、このように背景を述べるといい。

経営陣は、わが社をより「環境にやさしい」企業にするためのさまざまな改革案を考えている。本レポートは、「グリーン企業」に向けて経営陣が行ないうる施策と、その事業面のメリットについて述べたものである。

次に、レポートのテーマを要約する。つまり、議論の核心部分を読者に伝えるのである。テーマの要約例を次に挙げてみる。

本レポートは、グリーンプロジェクトがわが社の収益の底上げにつながることを示すものである。このプロジェクトにかかる費用は、燃料費の削減と節税効果、そして長期的な企業イメージの向上によって、充分に補うことができる。

前書きの最後の部分で、本文の見出しや小見出しにそって案内図《ロードマップ》を描くこと。そうすれば、読者はあなたの論理についていきやすくなる。

ロードマップは、ひと段落で順序が明確に示されていなければならない。よいロードマップの例をここに挙げてみよう。

はじめに、わが社がより環境にやさしい企業になるためにできること、たとえばエネルギー消費の削減、移動の軽減、ゴミの削減などについて述べる。次に、こうした変革による節税効果と燃料費の削減が、わが社に短期的なメリットをもたらすと同時に、長期的な事業機会につながることを論じる。

要約と結論を使いこなす

要約とはなにか、また、よい結論とはなにかを勘違いしている人は多い。要約とは、論文や報告書の主なポイントを凝縮して繰り返すことだ。結論は、さまざまな点で要約を超えたものでなければならない。たとえば、ほかの事柄への教訓を引き出すこと、公共政策への影響を示唆すること、特定領域の調査をさらに進めるようアドバイスすることなどである。

要約を軽んじているわけではない。それが絶対に必要なことも多い——長くて複雑な文章を読む時間がないエグゼクティブのための、文字通り「エグゼクティブ・サマリー」は、とくに欠かせない。長い文書や報告書の場合、また内容が盛りだくさんの場合には、読者が数分で要点をおさえられるよう、前書きの前にエグゼクティブ・サマリーを置くべきである。この部分は非常に重要だ。というのも、この部分だけはみんなが読むからだ。実際、この部分しか読まないという人が組織のどの階層にも少なからずいる。

エグゼクティブ・サマリーはともかくとして、どんな論文や文書にも、単なる要約を超えた結論が必要である。知的な読者なら、本文を読めば要点をつかめるだろう。したがって、結論にはそれ以上のなにかを期待しているはずだ。すでに述べた要点をただ繰り返すだけの「結論」には、私もかなりイライラしてしまう。それは、ただの怠慢である。読者はもう二度も同じことを読まされている。一度はエグゼクティブ・サマリー（または前書き）で、そしてもう一度は本文中で。

ここで、ある特殊な医学研究について書かれたふたつの段落を見てみよう。ひとつは要約、もうひとつは結論である。結論のなかで、要約にないものはなんだろう？

段落一（要約）

ここまで述べたように、慈善団体は、橋渡し研究（ＴＭＲ）の成功を測る際、七面分析の枠組みを使うべきである。これにより、資金調達額と調達源の多様性、人材の確保、主要な医薬品の開発状況、査読つき学術雑誌への掲載と引用の数、第三者による応用数、他社との協力への積極性を評価すべきである。ＴＭＲの効果を理解するうえで、七面分析が鍵となる。

段落二（結論）

慈善団体や政府から橋渡し研究（ＴＭＲ）への提供資金が増加するにつれ、資金提供者が研究者と共同で有効な業績評価のシステムを確立することがきわめて重要になる。資金提供団体の幹部は、ＴＭＲへの積極的な参加者らと協力して研究目標を明示し、先ほど議論した七面分析の進展を測るための評価基準を設定すべきである。そうすることで、資金提供者と研究者の両方が共通の優先順位を認識し、研究目標の達成度を評価するための情報を生み出すことが可能になる。

本文

前書きと結論の書き方についてはここまでにして、次に本文に入る。ここでは、効率よく読めるような文章を書いてみる。つまり、次のふたつのことを行なうのである。

1　見出しや小見出しをつけて本文を区切り、構成をはっきりさせる。

2　拾い読みしやすいように、段落の最初にテーマとなる一文を置く。テーマ文だけを拾い読みすれば議論の展開が追えるようにしなければならない。段落の残りの部分で、テーマ文を裏づける事実や分析を挙げる。

以下のふたつの段落は、イギリスのテレビドラマ「ダウントン・アビー」についての解説だ。一方の段落は、冒頭にテーマ文を置いた上手な構成だが、もう一方は手直しが必要だ。

段落一

イギリス貴族の一家を描いたテレビドラマ「ダウントン・アビー」が、アメリカ中流階級の間で予想外のヒットとなっている。二〇世紀初頭のヨークシャーの広大な邸宅に住むクローリー家の贅沢な暮らしぶりが、アメリカの視聴者を魅了しているのである。また、クローリー一族と使用人たちの複雑な人間関係もファンにとっては見どころだ。しかし、イギリス法のもとでクローリー家の三人の娘たちは不動産を相続できず、一家に危機が訪れる。幸い、いとこの男性が不動産を相続し、クローリー家の長女と結婚したのだった。

冒頭のテーマ文が、この段落の要旨――「ダウントン・アビー」がアメリカの視聴者の間でヒットしていること――を著している。残りの文章は、なぜ視聴者がこの番組を見るのかについて書かれている。これは、とてもよくできた構成の例だ。テーマ文で要旨を述べ、残りの文章でそれをよりはっきりと説明している。

段落二

テレビドラマ「ダウントン・アビー」は、二〇世紀初頭のあるイギリス貴族について描いた番組である。クローリー一家はヨークシャーの大邸宅に、腹に一物ある多くの使用人たちと暮らしている。イギリス法のもとでは三人の娘たちが不動産を相続できないため、一家は大きな危機を迎える。運よくいとこの男性が相続人となり、クローリー家の長女と結婚する。一族の贅沢な暮らしぶりとドラマチックな展開によって、このドラマはアメリカの中流視聴者の間で予想外のヒットとなった。

こちらの段落は、構成が弱い。最初の文は「ダウントン・アビー」を紹介してはいるが、著者がなぜこの文章を書いているのかがわからない。読者は最後の文章まで読まないと、この記事の主旨——「ダウントン・アビー」が予想外にヒットしていること——をつかめない。最後の文章を冒頭のテーマ文として、残りの文章に手を加えてテーマ文を支える方がいいだろう。

事例を読み終えたら、今度はみなさんが読みやすい段落を書いてみる番だ。この章の前半で準備した、「グリーンプロジェクト」（またはあなたが選んだ題材）のアウトラインを見直してみよう。いちばん興味のある題材を選び、本文の二段落を書いてみよう。はっきりとしたテーマ文を段落の冒頭に置き、残りの文章でそれを裏づけよう。

ふたつの段落をもう一度読み、次の三つを自問してみよう。

・読者に要点が伝わるテーマ文が段落の頭にあるか？

・残りの文章は、事実やそれ以外の事柄によってテーマ文を支えているか？

・テーマ文だけを拾い読みしても、意味が通るだろうか？

さらに練習したければ、「グリーン・プロジェクト」のレポートを全部書いてみるといい。その際には、わかりやすい前書きと、要点のまとめにとどまらない結論を入れること。

いい文章を書く

前書きと結論、その間の本文の役割についてはもう充分におわかりかと思う。ここでは、実際の文章の書き方——わかりやすい文章、適切な言葉遣い、能動態、正確な語彙、ミスのない綴りと文法——について簡単におさらいしてみよう。

簡潔な文を書く

高校生のころ、私はアーネスト・ヘミングウェイの簡素な文体に夢中になった。考えをはっきりと伝えるには、簡潔な文がいちばんである。だらだらと続く文章は、ついていくのに苦労する。著者自身に自分の言いたいことがわかっていない証拠である。

だらだらした文の例

海岸で数時間過ごしたが、魚が一匹も釣れなかったので、街まで歩いていき、美味しいサンドイッチとうまいビールのあるバーを見つけ、そこでマリアという名前の美しい女性と出会い、この街の変遷を語り合った。

簡潔な文の例

海岸に数時間いたが、魚は一匹も釣れなかった。私は昼食をとろうと街まで歩いた。バーに入って美味しいサンドイッチを食べ、うまいビールを飲んだ。隣の席にマリアという名の美しい女性がいた。彼女とこの街の変遷を語り合った。

関係をはっきりと表わす

いくつかの文や文節、また段落をつなげる場合、相互の関係をはっきりと表わすことが大切だ。そのためには、「だから」「なぜなら」「のあと」「の前」「しかし」「けれども」といった接続詞を使い、読者になぜ、いつ、どこで、どのように、前後の考えがつながるかを示さなければならない。しかし、「そして」「そのうえ」「それ以外に」といった追加を示す接続詞では、関係が表わせない。

追加を示す接続詞――関係がわかりにくい例

彼女はひざに怪我をして、そして病院に行った。そのうえ、病院でひざのX線写真を撮った。

副詞的な接続詞――関係がわかりやすい例

彼女はひざを怪我したので、病院に行った。病院に着くとすぐに、医師がX線写真を撮った。

能動態を使う

能動態を使うことで、行為者や発言者がだれなのかをはっきりと読者に伝えられる。受動態を使うと、だれが行為者なのか、または発言者なのかがわかりにくくなる。次のふたつの文章を見れば、違いがわかるはずだ。

能動態

サリーは、弟の家の頭金を払ってあげた。

受動態

サリーの弟の家の頭金が支払われた。

正確に言葉を選ぶ

ビジネス文では、創造性のある言葉遊びよりも、わかりやすさと正確さが優先されなければならない。書き手はしばしば、多様性を持たせるために同じ意味でも違う言葉を使うことがある。だが、ビジネス文では、多様性よりもわかりやすさの方が大切だ。次の二文を読んでみよう。

社長は、五年計画に示された優先順位に従うことに固執した。ほかの幹部は、その必要性を支持していたが、状況に応じて変更すべきだと考えていた。

二文目の「必要性」は、一文目の「優先順位」を指しているのだろうか？　おそらく著者は同じ意味で使っているようだが、多様性をもたせようとして違う言葉を使うと、かえってわかりにくくなる。

先行詞を特定する

代名詞は便利だが、なにを指しているのかわかりにくいこともある。次のふたつの文を読んでみよう。

ブレイディ、彼の父親、その他全員でフットボールをしたが、彼だけが怪我をした。

この「彼」とはブレイディだろうか、それとも父親だろうか？

ブレイディ、彼の父親、その他大勢のみんなでフットボールをし、彼らは怪我をした。

この「彼ら」とは、いったいだれを指すのだろう？　ブレイディと父親か、それともみんなだろうか？

スペルミスをなくす

スペルミスはともかく禁物だ。スペルミスがあっても意味は通じるが、綴りが間違っていると、怠惰でだらしない印象を与える——現在または未来の雇用主には最悪の社員だと思われてしまう。二〇〇六年に行なわれたアンケートでは、採用担当重役の四七パーセントが、履歴書にスペルミスが一カ所でもあれば、応募書類はゴミ箱行きだと答えている——二カ所もミスがあれば、八四パーセントがそうするという。

よくある失敗の原因は、スペルチェックへの頼りすぎだ。スペルチェックでほとんどのスペルミスは見つかるが、同音異義語（heel〔かかと〕とheal〔治療する〕など）は区別できないし、たまたま別の言葉を書いてしまった場合も（たとえば、the pad of paper〔紙のメモ帳〕のかわりにthe lad of paper〔紙の若者〕と書いてしまったら）見落とされる。ミスをなくすためには、書いたものを注意深く時間をかけて見直し、間違いがないかを確かめるしかない。

正しい文法を使う

言語というものは複雑で、文法の誤りを正確に発見できるコンピュータプログラムを開発するのは至難の業である。したがって、文法チェックのソフトウェアは、ほとんど信頼できない。正しいのに間違いを指摘したり、その逆のこともある。次のふたつの文をご覧いただきたい。どちらの文にも、とんでもない文法の誤りがある。だが、マイクロソフトワードではどちらも文法チェックにひっかからない。

ジョンは私を見つめた。そして、「それはどういう意味だ？」と言う（時制が変わっている）。

昨日発表されたハイテク業界の予想外の好業績を、市場は好感しながらある（動詞の使い方が不適切）。

書き方についてよく聞かれる質問（ＦＡＱ）

さて、もうみなさんは、アウトラインの作り方、構成の組み立て方、正しい言葉の使い方の基本を理解したはずなので、ここで私がよく聞かれる質問に答えてみよう。

質問　いつも周りが気になって、なかなか書けません。どうしたら頭を整理して、落ち着いて書けるようになるのでしょうか？

ものを書くことは、高度の集中力を必要とします。周囲の出来事から少し遮断された場所を見つけ、コンピュータゲームや携帯電話などの気が散るものを片づけましょう。私自身は、仕事前の早朝にものを書くことにしています。ですが、友人のなかには、みんなが帰ったあとの静かなオフィスでしかものを書けないという人もいます。また、私もその友人も、飛行機や列車で移動中の邪魔が入らない時間に、書きものをします。みなさんも、一日のうちでいちばん都合のいい時間に定期的に書いてみるといいでしょう。

質問　書くのにものすごく時間がかかります。文章がどうしても気に入らず、書いては直し、書いては直しを永遠に繰り返しています。どうしたらもっと上手に文章を書けるようになりますか？

もし自分もそうだと思いあたるなら、問題はあなたの文章力ではありません——完全主義者であることが問題なのです。はっきり言いますが、それでは要領よくものを書くことはできません。準備と書く作業が同時にできないのと同じで、書く作業と推敲を同時に行なうこともできないのです。最初から最終原稿を仕上げようとしてはいけません。書くことは双方向のプロセスです。時間をかけて複数の段階を経る必要があるのです。

最初の下書きが完璧でないと原稿の質が落ちると心配していらっしゃるのでしょう。それはまったく違います。下書きを書いたら、次の仕事に移りましょう。そして翌日、書いたものを見直してみるのです。考えて書き直す時間を少しとるだけで、推敲後の原稿はずっと良くなっているはずです。

簡単な下書き程度のものを書くだけなら、音声認識ソフトを使ってもいいでしょう。音声認識ソフトは完璧ではありませんが（すごく間違いが多いのですが）、とにかく最初の下書きを完成させる助けになります。書くよりも話す方が気が楽な人にはもってこいでしょう。

質問　文書の長さはどのくらいが適当でしょう？

これはよく訊ねられる質問ですが、答えは簡単です。読者が内容をきちんと理解するのに必要な長さです――それ以上長くてはいけません。長いレポートがいいとはかぎらないのです。簡潔なレポートに大きな価値があることも多いのです。

質問　先延ばしにするのが嫌いなので、一気に全部書き上げようとしてしまいます。ですが、数時間も書いていると行き詰まります。少しずつ書いた方がいいのでしょうか？

はい。長い文書の場合は、小分けにした方がいいでしょう。毎日数時間、休みをとりながら、数日かけて書くべきです。ニューヨーク州立大学ストーニー・ブルック校のボブ・ボイス教授は、同僚たちが長い論文をどう書いているかを調査し、この結論に至りました。なかには「一気に書き上げる」タイプの教授もいました。一度に長時間書き続け、数回で完成させるのです。一気に書き上げるタイプの書き手は、長時間書き続けている最中に行き詰まり、しょっちゅうイライラを募らせていました。反対に、決まった時間に定期的に書いていた人たちは、新鮮なアイデアを思いつくことも多く、仕事への集中力も高いことがわかりました。定期的に書くタイプと一気に書き上げるタイプとでは、書く量は変わりませんでした――ですが、定期的な書き手は三分の一の時間しか使っていなかったのです。

休憩を入れると、新鮮なアイデアが浮かびやすくなります。私はよく、一日の終わりになると頭も手も働かなくなってしまいます。ひと晩寝ると、前日の問題への対処法を思いつくこともあります。創造的な作業は、一気にやるより断続的に行なった方がうまくいくのです。

心に留めておくこと

① 書き始める前に、文章の論理的な展開を示すアウトラインを描く。まず、ブレインス

トーミングを行なう。次に、出てきたアイデアを分類する。最後にそれらを論理的な順番に構成する。

② 前書きで背景を説明し、テーマを明らかにし、構成を提示する。

③ 長く複雑な文書なら、エグゼクティブ・サマリーを作って全体像を説明し、忙しい読者が要点を把握できるようにする。

④ 段落のはじめにテーマ文を置き、要旨を伝える。段落の最初の文を拾い読めば、読者に内容がわかるようにする。

⑤ 結論をただの要約に留めない。たとえば、より広い意味での影響や将来とるべき行動といった洞察を加える。

⑥ わかりやすい言葉を使う。簡潔な文体を用い、文節の関係をはっきりと表わし、代名詞がなにを指しているのかを明確にする。

⑦ 文法や綴りの誤りを見直す。見直したあとに、もう一度読み返す。ひとつでも間違いがあってはならない。

⑧ はじめの下書きから完璧を目指さない。書きながら同時に校正してはならない。先に進めなくなってしまう。

⑨ 読者に言いたいことを伝えるのに充分なだけ、言葉を尽くしていい。だが、ただ長いだけの書類は必要ない。

⑩ 一度に大量に書こうとしない。都合にあわせて毎日一時間か二時間ほど定期的に書く。

第九章　伝わるように話す

人前で話すと考えただけで怖気づいてしまう人は多い。コメディアンのジェリー・サインフェルドはこう言って笑わせた。「たいていの人は、葬式で弔辞を読むくらいなら棺桶のなかにいる方がましだと思ってるよ」。大手民間調査会社ギャラップの世論調査によると、アメリカ人のまさに四割が人前で話すことに恐れを抱いているという――スピーチより怖いものは蛇だけだそうだ。

しかし、ほとんどのプロフェッショナルにとって、人前で話すことは重要なスキルである。社内でプレゼンテーションを行なうこともあれば、ときには一般の聴衆に向けたスピーチを頼まれることもある。たいていの人はスピーチの訓練を受けていないので、わかりきった失敗をする。ということは、少しの指導と事前の計画さえあれば、スピーチ上手になれるということだ。

まず、話すことと書くことは根本的に違う。スピーチのいい点は、相手の反応が即座にわかるので、その場でいくらでも方向性を変えられることだ。また、文章とは違い、ジェスチャーや抑揚、そのほかの表現方法を使って感情を伝えることができる。

その反面、話し言葉には、そもそも書き言葉にない不利な点がふたつある。自分のスピーチが気に入らなくても、文章とは違い全部消して最初からやり直すことができない。また、聞き手に論旨をわかりやすく伝えるのが、はるかに難しい。見出しをつけたり、段落に区切ったりすることができないからだ。

この章では、伝わる話し手になる方法を、スピーチ前、スピーチ中、スピーチ後の時系列に分けて紹介しようと思う。この章の大部分は、私の個人的な経験に基づくものだ。私はこれまで何度も社外向けにスピーチを行なってきたが、ここに書いたことの多くは、社内のプレゼンテーションにも応用できるものである。

スピーチを準備する

相手に伝わるスピーチの鍵は、事前の充分な準備にある。準備活動は、次の三つに大別できる。聴衆を知ること、構成を組み立てること、そして伝える練習をすることである。

聴衆を知る

まずは、三つのW——聴衆はだれ（WHO）か、なぜ（WHY）出席しているのか、そしてなに（WHAT）にもっとも関心があるのか——を知ることから始めよう。社内向けなら、出席者をよく知っている可能性が高い。上司か？　同僚か？　部下か？　公のスピーチの場合は、聴衆を個人的に知らなくても、どういう人たちかを知るのはそれほど難しくない。社内でも社外でも、会議の主催者は参加者のリストを持っている——それをチェックしない手はない。私は参加者リストに目を通すことで、聴衆のなかの特定の人を怒らせそうな失言を避けてきた。

また、なぜ聴衆があなたのスピーチを聞きにくるのかを、よく考えてみよう。まず、その会議やカンファレンスの議題を見直し、議論されるテーマをしっかり理解することから始めよう。社内会議の場合には、出席が自由意思によるものか、強制されたものかを見極めた方がいい——強制参加の場合には、注意をつなぎとめるための努力が必要になる。公のスピーチの場合には、参加者がなにを期待しているかを主催者に聞いてみよう。学びたいことがあるのか？　それとも気分を盛り上げてほしいのか？　あなたのスピーチは、海岸沿いのリゾートで開かれる人脈作りのイベントの合間の骨休めなのか？

聴衆がなにをいちばん気にかけているかを知るのはもっと難しい。社内会議の場合には、上司と同僚の優先事項をはっきりと知ることが必要になる。上司がいちばん気にしているのはコストの削減か？　もっと野心的な目標を持っているのか？　社外でのスピーチの場合は、相手の「飯のタネ」に関わる問題はなにかを考えなければならない。たとえば、バイオテクノロジー企業の重役たちが相手なら、医薬品の承認に関する最近の展開を知りたいはずだ。

三つのWを把握すれば、聴衆に合わせてスピーチを組み立てることができる。相手が関心を持つよう、与えられた題材に手を加えてもいいし、自分で題材を選んでもいい。題材を選ぶ場合には、自分が詳しい分野のことにすべきである。だが、その範囲内で、自分の好みよりも、聴衆の関心事を優先させるべきである。あなたが米露関係の専門家であっても、聴衆は米中関係に興味を持っているかもしれない。あるいは、別のスピーカーが、米露関係について話す予定になっているかもしれない。ほかのスピーカーと題材が直接かぶらないようにした方がいい。

スピーチを構成する

題材を決めたら、アウトラインを作る。その際、これ以上ないほど明快な論理展開を組み立てなければならない。先ほど述べたように、スピーチには、方向性を示す見出しも小見出しもない。したがって、かならず前置き、本論、結論に分けて話すことが大切になる。

前置きには、四つの構成要素が必要だ。まず、自己紹介。外部の大勢の聴衆に向けてスピーチを行なう場合には、簡単な経歴を話すかだれかに紹介してもらうといい。履歴書のような長く詳しい紹介は必要ない。目立つ経歴をひと段落程度にまとめたものでいい。社内会議なら、あなたがなにものか——正式な肩書きと、話し合う事柄でのあなたの役割——を全員にしっかりとわかってもらう。

次に、スピーチには「つかみ」がいる。招待者に礼を述べ、（紹介してもらった場合は）すばらしい紹介に謝意を表わす。それから、ジョークや逸話で場を和ませ、人間的な面を見せる。たとえば、私は、大げさな紹介に感謝を述べながら、「でも、私がバスケの選手だったことはご存じなかったでしょう！」と言う。そして、十代のころに、カルビン・マーフィーをガードした経験を話すのだ。カルビンはその後大学バスケットボールで最高得点プレーヤーとなり、プロ入りしてヒューストン・ロケッツでオールスター選手に選ばれた。私は高校時代にカルビンを徹底的にマークすると心に決め、タイムアウト中にカルビンが水飲み場に行くときは、私もついていった。試合中徹底的に彼をマークして、彼の得点を56ポイントに抑えた——といっても、それは彼のシーズン平均よりも6点も上だったが。私がバスケの夢を諦め、金融に専念することにしたのはそのときだ。

もちろん、社内会議でもユーモアは役に立つ。だが、ジョークは簡潔でその場に合ったものでなければならない。そうでなければ、みんな笑っていいものかどうかわからないからだ。スピーチの題材が深刻だったり、講演者がものすごく真面目だったりするとなおさらだ（とくに、上司が部下に話すときはそうである）。そんなときには、「笑っていいんだよ」という合図を出す。私は、大学時代にスタンドアップ・コメディアンになりたかった話をし、だからみんなが自分のジョークを笑ってくれるとありがたい、と言うこともある。そう言うと、たいていくすくす笑ってくれるし、場も和む。

場が和んだところで、このスピーチがなぜ重要なのか――なぜ話を聞くべきか――を説明する。最近の時事問題と結びつけてもいいし、組織や事業部の問題と関連づけてもいい。または、その聴衆がとくに関心を寄せる問題――たとえば近隣の犯罪率の増加――と結びつけてもいい。

それから、残りのスピーチのロードマップを描く。「まず、Xを説明したあと、Yを議論し、最後にZを提案します」というように。ここで、あいまいな言い方は禁物だ。はっきりと明確に説明すること。補足的にビジュアルを利用する場合には、「目次」のスライドにこの三段階を明示する。ロードマップをはっきりさせれば、異なる論点がどのように論理的に結びつくのかを聞き手は理解しやすくなる。

スピーチの本論は、論理が明確に展開されるよう構成されなければならない。たとえば、次のような構成が考えられる。

・問題はここにある。

・私の分析はこうである。

・こうしたらこの問題を解決できる。

または、次のような構成も考えられる。

・いま、こんな問題に関心が集まっている。

・私はこの問題をこのように捉えている。

・将来は、このように問題が見直される可能性がある。

本論をまとめる際、あなたの視点を聞き手に受け入れてもらうことを心がけよう。単なる状況報告だとしても、プロジェクトがうまくいっている――または、うまくいっていない――ことを同僚にはっきりと知らせることを心がけよう。いずれにしろ、味方に賛同してもらうのは簡単だ。だが、中立または反対の立場の人を説得するのはそれほどたやすくない。ではどうすれば賛同してもらえるか？

鋭い分析や充分な裏づけ情報が役立つこともある。とりわけ、あまり知られていない情報や、通説と違う分析なら効き目がある。しかし、スピーチはどちらかというと知性より感情に訴えるものなので、論理だけに頼ることはお勧めしない。相手を説得したければ、論理だけでなく、事例や逸話を示した方がいい。たとえば、アルコール依存症の統計資料よりも、アルコール依存疾患者の生々しい話の方がずっと聞き手の心を動かすはずだ。

それと同じく、あなたがスピーチの題材を心から気にかけていることが聞き手に伝われば、相手はあなたの考えを受け入れやすくなるだろう。感情を伝えるには、身振り手振りを交えたり、声のトーンを変えたりしてみるといい。同じフレーズを繰り返したり、要点を強調するためにひと呼吸おいたり、複数の考え方を同時並行的に示してつながりを強調したりしよう。

もしできれば、スピーチの終わり近くに、感情を盛り上げる話をするといい。よく、「これから話すことを相手に伝え、それを話し、最後にもう一度同じことを繰り返せ」と言われる。私は絶対反対である――聞いたばかりの話をもう一度聞くなんて、退屈きわまりない。そうではなく、結論部で聞き手になんらかの感情を抱かせるのだ――社会貢献活動に寄付したいと思わせたり、あなたの会社への好奇心を抱かせたりするのである。

結論では、心に留めてほしいこと――憶えてほしい要点――を述べよう。行動を喚起すること、たとえば強力なライバルから市場シェアを奪うことを訴えてもいい。あるいは、問題を違う角度から見るよう提案してもいい。たとえば、「今度アメリカによる対外援助の記事を見かけたら、国家予算の割に援助額がいかに少ないかを考えてほしい」といったように。または、聞き手の行動を変える言葉でもいい。スティーブ・ジョブズの「ハングリーであれ。愚か者であれ」という、スタンフォード大学での有名な卒業スピーチはそのいい例だ。

最後に、会議やカンファレンスの主催者にスピーチの機会をもらったことを感謝してスピーチを締めくくる。

リハーサルを行なう

スピーチの原稿を書いたら、何度か声を出してリハーサルを行なってみよう。大変だが、そうしなければ本番で自信を持って自然に話せない。また、リハーサルを行なえば、スピーチの欠点がわかる。私は、リハーサル後に話の順番を変えたり、事例を差し替えたりすることも多い。

実際にだれか――同僚や友達――の前でスピーチをしてみるといい。率直に建設的な意見をくれる人に聞いてもらうのがいちばんだ。それが難しいなら、鏡の前で練習をしよう。そうすれば、自分がどう見えるかがわかってくるはずだ。いずれにしろ、原稿を黙読するだけではだめだ。スピーチは、ある種のパフォーマンスである。だから、しっかりと声に出して練習しなければ意味がない。

スピーチの全文を書かないと気が済まない人もいる。これは非常に危険な習慣だ。全部を文章にすると、それを一字一句棒読みしたくなるからだ。それでは聞き手が退屈してしまう。

二〇〇八年の金融危機の直後にヨーロッパで行なわれた金融サービスの国際会議で、私はスピーチを頼まれた。出番は三番目だったので、前のふたりのスピーチを見ることができた。ふたりのスタイルはまたとないほど対照的で、聞き手へのインパクトははっきりと違っていた。高名な金融会計の専門家だった最初の講演者は、長々しいスピーチを原稿どおりに一語一句たがわず読んだ。聴衆は退屈し、冷ややかだった。みんなおざなりに拍手をしただけだった。次に登壇したのは、保険会社ＡＩＧの再建を任されたボブ・ベンモシュＣＥＯだった。背が高く、押し出しのいいベンモシュ氏は、なにも見ずに熱く想いを語った。その率直さとユーモアに聞き手は魅了され、盛大な拍手が沸き起こった。

私は、一ページにまとめたアウトラインだけを持ってスピーチを行なう。アウトラインに出だしの文章が書かれていることもあれば、締めの文章が綴られていることもある。だが、それ以外はスピーチの要点を簡潔にまとめ、各ポイントを支える事柄を書く。こうすれば、頭のなかで論旨がまとまり、聞き手にはっきりとそれを伝えることができる。また、こうしておけば、その場の雰囲気に合わせて、スピーチを多少変えることもできる。もうすこし細かい材料が欲しい場合は、長めのアウトラインを二～三枚にまとめてもいい。メモに頼れると思えば気持ちも落ち着くし、要点に沿ってある程度自由に話すこともできる。いずれにしろ、原稿の棒読みは禁物だ。それではスピーチが子守唄になることは間違いない。

さて、スピーチの準備についてどのくらい学んだかをおさらいしてみよう。付録2は、ボストンで大成功した私のスピーチの全原稿である。これはスピーチとしても非常によくまとまっているし、個人的にも思い入れが深いものだ。まず、冒頭で聞き手を褒め、スピーチの全体像を描いている。私の兄マイケルの人生を生き生きと語り、その非劇的な死までを話す。その後、マイケルの子供時代の苦労から、いくつかの教訓を引き出す。そして、スピーチの最後に「私たちの子供」のために行動を起こすよう、強く感情に訴えるのである。

このときのスピーチも、実際には一ページのメモ書きだけを準備して、あとでそれを友人に送るために文章に起こした。ここでは、みなさんにその逆をしてほしい。添付のスピーチを読んで、講演用の簡単なアウトラインを作ってみよう。そうすれば、このスピーチの展開や言い回しのテクニックがわかるだろう。

その後に、スピーチの準備をゼロからはじめてみよう。スピーチ――社内でも社外でもかまわない――を頼まれたと仮定して、一ページのアウトラインをまとめるのだ。トピックは自由に選んでいいが、アイデアに詰まったときのために、ここに三つのトピックを準備した。

1 あなたの組織は、二〇〇八年から二〇〇九年の金融危機をどう乗り切ったか？

2 直近の政府の政策変更が、あなたの組織にどのような影響を与えているか？

3 あなたの組織にとって、事業範囲の拡大はなぜ重要なのか？

まず、最初の一文と締めの一文を書き、残りはアウトラインにまとめる。話の筋は通っているだろうか？ そのアウトラインを見ながら、実際にスピーチできるだろうか？

スピーチ当日

さて、スピーチの当日がやってきた。その日は三つの時間帯に分かれる。スピーチ前、スピーチ中、スピーチ直後だ。

スピーチに臨む

スピーチ前の数時間に、次のことを行なおう。

・進行表と参加者リストを見直す。聴衆の構成や、自分のスピーチがプログラムの流れのどこに位置するかを再度確認する。

・アウトラインを見ながら、最後にもう一度練習する。これは、声に出して行なうべきである。シャワーのなかでも、オフィスでも、ホテルの部屋でも、タクシーのなかでもいい。

・新聞の一面を読み、今日の聴衆や話題に関連する突発的な重大事件がないかをネットで検索する。場合によってはアウトラインを変更したり、直近の重大事件に関連する質問に備えた方がいいだろう。

かなり早めに会場に到着するよう、時間に充分な余裕を持って出かけること。社外の場合は、三〇分から一時間前に会場に着くように計画する。そうすれば、部屋や機材や聴衆を自分で確かめることができる。

会場の部屋を確認する際、会議やカンファレンスの主催者は、たいてい参加者の人数を多めに見積もっていると思った方がいい。イベントの重要性をアピールしたい場合もあるだろうし、ぎりぎりまで欠席者が予想できない場合もあろう。いずれにしろ、予定した参加人数のうち出席するのはおよそ六割くらいだと思っていい。そうすれば、五〇人の予定で三〇人しか参加しなかったときでも、がっかりしなくて済む。

自分で部屋を選べるのなら、予定参加人数の六割がぎりぎり入る程度のできるだけ小さな部屋を選んだ方がいい。もし参加人数が予想以上ならすばらしい。通路に座ったり、部屋の後ろに立っている人がいると盛り上がる。部屋が大きすぎると思ったら、カーテンや衝立を頼んで、小さく見せるといい。それが無理なら、参加者に部屋の前と中央に移動してもらうよう丁重にお願いしよう。

聴衆の活気がいいスピーチを生む。会場を盛り上げるのが、いい講演者である。壇上にじっと立っているのではなく、部屋を歩きまわるのもいい。講演者が歩きながら言葉をかけたり、だれかを名指しして質問したりすると、聞き手はより話に引き込まれる。マイクが必要な場合には、上着やシャツやブラウスにつけられる無線マイクを頼むべきである。

スライドを使うなら、壇上を離れても操作できるリモコンを手に持つといい。

会場に早く到着したら、機材がそろっていてきちんと作動するかをかならず確かめること。マイクの音量もチェックする。ビジュアルを使う場合には、正しいスライドか、順番は間違っていないかを再度確かめる。私の経験では、およそ二割の場合はスライドの不具合がある。

いちばん大切なのは、早く到着して聴衆の感触を肌で感じることだ。別の講演者が登壇していたら、その話にじっと耳を傾けるといい。そうすれば、参加者のムードがつかめるし、前の講演者の話を自分のスピーチへの導入に使えるかもしれない。

スピーチの前に休憩がある場合は、参加者に質問してみるといい。同僚にも知らない人にも聞いてみよう。ここまでのところで、なにがいちばんよかったですか？　どの分野の話を聞きたいですか？　こうした質問が、聴衆とのつながりを築くきっかけになる。

さらに、その答えによっては、スピーチのアウトラインを変えてもいい。たとえば、つい最近可決された法律について別の講演者が詳しく語っていたなら、そのことをあまり話す必要はないだろう。逆に、研究開発分野のイノベーションについて関心が高いとわかれば、この分野の直近のトレンドをより詳しく話してもいい。

また、早めに到着すれば、直前の講演者の調子に合わせることができる。私は、有名な選挙参謀のジェームズ・カービルのあとに話をさせられたことがある。しかも、私のスピーチのあとは昼食という最悪の順番だった。民主党コンサルタントのカービルは、ルイジアナの幼少時代を自虐ネタにしている。面白おかしい逸話に満ちた彼の四五分のスピーチで、会場は大いに盛り上がっていた。そこで、私も彼の冗談に合わせた自己紹介をすると大ウケした。

準備の仕上げは化粧室で身なりを確認することだ。歯にホウレンソウのかすがついていたり、シャツの裾が出ていたりしたら、スピーチが台無しである。この最終確認のあとは、いよいよ本番だ。

不安をコントロールする

壇上にのぼるときは、だれでもドキドキして落ち着かなくなる。みんなそうだ。マーク・トウェインが言ったように、「この世には二種類の話し手がいる。片方は、緊張している。もう片方は嘘をついている」。

ドキドキしてしまうのは、血中に放たれる少量のアドレナリンのせいだ。アドレナリンの効果で心拍数が高まり、緊張するのである。しかし、アドレナリンのおかげで感覚が普段より鋭くなり、頭の回転も速くなる。言い換えると、緊張しているときは、いつもより多少元気が出て集中力が高まり、それがスピーチの助けになる。

とはいえ、不安をコントロールすることは必要だ。そのためには、しっかりと準備して、充分にリハーサルを行なうしかない。早めに到着することも、緊張を和らげるひとつの方法だ。スピーチのほんの数分前に到着し、自分の身なりも聴衆の雰囲気も確認できないようでは、気持ちが落ち着かないはずだ。

緊張感に押しつぶされないために

たいていの人は、スピーチの直前にもっとも不安が高まり、話し始めると不安は和らいでいく。だが、調査によると、およそ四人にひとりはスピーチの最中に緊張が高まるらしい。こうした人々は、不安を示す兆候——手にかいた汗や声の震え——にみずから囚われるのである。それがさらに不安を高め、問題を引き起こす。不安が不安を呼ぶようなら、一歩引いて、次に言うべきことに集中しよう。不安の症状が出たら、そのときに対処する——声が震えたら、深呼吸してみる。喉がカラカラになったら、水を一口含む。とにかく、不安の方に気持ちを向けて問題を悪化させるのを避けるのだ。もし、あまりにもひどい場合には、セラピストに見てもらうか、スピーチ専門のコーチに協力してもらうことも考えよう。

スピーチを行なう

冒頭の「つかみ」が、スピーチ全体の調子を決める。満面の笑みを浮かべ、面白い冗談か、楽しい逸話から話を始めよう。次にスピーチのテーマを伝え、全体像を描く。これは先ほど述べたとおりだ。

この時点で心がけるのは、聴衆を積極的な聞き手に変えることだ。ほとんどの聴衆はスピーチを聞き流しながら、ほかのことや別の人のことを考えている。だが、積極的な聞き手になると、講演者の言葉に集中し、その主張を評価し、感情を高ぶらせる。

どうすれば受け身の参加者を積極的な聞き手に変えられるだろう？　私は参加者にスピーチに関連する質問を投げてみる。たとえば、最近簡素化されたプロジェクトの承認手続きについてプレゼンテーションを行なっているとしよう。まず冒頭で、質問を投げかける。みなさんは、書類作成に毎月何時間かけているかをご存じですか？　そんなに大量の書類が本当に必要でしょうか？　この話題に対する聞き手自身の個人的な利益を考えさせることで、プレゼンテーションへの関心を高めるのである。

また、部屋のなかを歩きまわるのも、質問と同じ効果がある。講演者が座席の横を歩いていれば、参加者は受け身でいられなくなる――すぐ側にあなたが立っているのだから！

また、聴衆全体に時折目くばせしてみよう。とくに、左右の端っこに座っている人たちや、後ろの方にいる人たちと目を合わせるよう心がけるのだ。そうでもしなければ、彼らはこちらに目も向けなくなるだろう。

秀逸なビジュアルが聞き手を話に引き込むこともあるが、粗悪なものは逆効果である。スライドを使う際の私の基本的なルールは、以下のとおりである。

・スピーチの導入部で、ロードマップを示す目次のスライドを入れる。

・心に留めてほしいことのリストを結論として最後に示す。

・図表、グラフ、データなどは、スライドを使う。

・スライドのなかの箇条書きを決して読まないこと。スピーチの要点として使うだけに留める。

・スライドの枚数を制限すること。三〇分のスピーチなら一五枚を超えないこと。

最後に、スライドに限らず、スピーチはできるだけ短くすること。三〇分を超えると聞いてもらえなくなる。カンファレンスの基調演説では、これを覚えておくといい。それ以外の場では、もっと短くていい。たとえば、一時間の会議なら、最初の講演は一〇分から一五分を超えてはならない。いずれにしろ、予定の時間を超えないこと。長い話は参加者と主催者をうんざりさせること間違いなしである。

スピーチ後

スピーチのあとには、質疑応答（Q&A）の時間をかならず設けるべきだ。社外向けのプレゼンテーションであれば、四五分のスピーチのうち、最後の一五分を質疑応答にあてる。社内向けであれば、いつでも質問を受けていい。あなたの話をきっかけに活発な議論を望むなら、とくにそうすべきだ。第六章の「効率よく会議を行なう」で述べたのと同じことだ。どんな形でもかまわないが、質疑応答は聞き手にとって非常に大切である。関心を持つことについてより深く知る機会だからだ。

講演者の立場に立つと、質疑応答はスピーチよりも難しい。なにを聞かれるかわからないので、前もって完璧な答えを準備できないからだ。そのうえ、スピーチ内容の範囲を超える質問が出ることも多い。

それでも、質疑応答に備えて、予想される質問と回答を考えておくべきである。準備方法のひとつは、同僚や友達に質問を考えてもらうことだ。さらには、同僚に「さくら」になってもらい、質問をしてもらってもいい。「さくら」になってもらえば易しい質問に答えられるし、だれも質問する勇気がない場合に質疑応答の口火を切ってもらえる。

質疑応答が始まったら、次の基本的なルールに従おう。

・ひとりが質問したら、全員に聞こえているかを確認する。必要なら、質問を繰り返す。

・最初に手を上げた人に、「それはすばらしい質問ですね」と言って、ほかの質問を促す。

・だれかひとりが質疑応答の時間を独占しないようにする。ほかに質問者がいない場合は、「さくら」を名指しする。

・質問者に演説させない。演説になりそうなら、質問してもらうよう丁重にお願いする。

・予想外の難しい質問を受けたら、時間稼ぎのために質問を繰り返し、その間に適切な答えを考える。

・質問には思慮深く返答すべきだが、長すぎてはいけない。詳細な返答をありがたがるのは質問者だけだろう。

手を上げる人が減ってきたら、これが最後の質問ですと告げる。最後のひとりになるまで待つべきではない。質問する人がだれもいなくなったところで終わるのは、バツが悪い。質疑応答を締めくくる言葉をあらかじめ準備しておこう。

スピーチ後に、建設的なフィードバックを募ろう。フィードバックはスピーチ技術を磨く助けになり、次に同じスピーチをする際には、それをもとに手直しすることもできる。カンファレンスではだいたい参加者にアンケートへの記入を求めるが、こうしたアンケートはあまり役にたたない。アンケートに記入する参加者は、全体の意見を代表していないことがほとんどで、結果はたいてい点数化されているが、基準となる点数(たとえば講演者全員の中央値など)がわからない。

いちばん役立つフィードバックは、自分のスピーチのビデオである。もしそれがなければ、リハーサルのビデオでもいい。とくにスタジオや高価な機器は必要ない。同僚か友人にスマートフォンで撮ってもらえばいいのだ。自分の姿を動画で見ると、だれでも最初はかならずショックを受ける。自分では気づかない欠点がだれしもあるものだ。私は自分のビデオを見たことで、スピーチが格段に上達した。以前は自分を前向きで落ち着きのある講演者だと思っていた。だが、自分のビデオを見たら、なんとも気まずい間があったり、感じの悪い身振りをしていたり、ぼそぼそと話したりしていた。その次のスピーチからは、そうした欠点をより意識して矯正するよう心がけた。

会議の主催者やスポンサーがビデオ撮影を許可してくれない場合は、聴衆に交じって同僚か友達にスピーチを見てもらおう。彼らは参加者の反応を教えてくれるはずだ——残酷なほど正直になってもらうよう彼らに頼むのだ。スピーチ上手になりたいのなら、建設的な批判に耳を傾けなければならない。

心に留めておくこと

① 自己紹介のあとに冗談を言い、笑っていいのだと聴衆に伝える。聞き手がリラックスしている方が、スピーチはうまくいく。

② 導入部でこの話題がなぜ大切かを説明する。それから、ロードマップをはっきり示し、話の筋を追いやすくする。

③ 教訓でスピーチを締めくくり、できれば聞き手の感情を盛り上げる。

④ スピーチの全文を書き出さない。アウトラインを一ページにまとめる。そうすれば、スピーチがより生き生きし、アドリブも入れられる。

⑤ 早めに到着し、会場や参加者や自分の前の講演者をチェックする。場の雰囲気や、ほかの講演者の調子をつかむ。

⑥ 人前で話す前に緊張するのは自然なことだ。ただ、不安が不安を呼ぶ悪循環に陥らないようにする。

⑦ 聴衆をこちらに引き入れる。部屋のなかを歩いたり、質問したり、参加者に立場を決めさせたり、意見を言ってもらったりする。

⑧ 話はできるだけ短くする。三〇分を超えないようにする。

⑨ 最後に質疑応答の時間をとる。聞かれそうな質問に備えよう。

⑩　フィードバックをもらう。ビデオ撮影がいちばんだが、友人に率直に意見してもらってもいい。

part 4

上司と部下をマネジメントする

前章までは、個人の生産性の向上に焦点を絞ってきた。ここからはギアを入れ替えて、組織内の対人関係をマネジメントする手助けをしていく。

ともに働く人々との関係をないがしろにしていたら、組織のなかで結果を出すことはできない。上司や部下との関係を積極的にマネジメントすることが必要である。第十章では、部下のマネジメントについて、また部下からもっとも多くを引き出す方法について述べる。第十一章では、上司をマネジメントする方法――上司とウィンウィンの関係を築くやり方――を紹介したい。あなたが組織の頂点か底辺にいるのでなければ、次のふたつの章をひとつの大きなテーマの一部として考えてほしい。それは、あなたの目標をかなえるために――そして組織の目標をかなえるために――対人関係をどのようにマネジメントするか、というテーマだ。

第十章　部下をマネジメントする

数年前、ハーバードの同僚であるテレサ・アマビーレ教授は、アメリカのプロフェッショナルについて三年がかりの大調査を始めた。二三八名のプロジェクト・マネジャーを対象に、プロジェクト開始から終了までを記録した。アマビーレ教授は、毎日対象者にメールを送り、その日の気分、やる気、仕事の質を聞いた。そして、その日にいちばん記憶に残ったことを訊ねた。調査の終了までに、一万二〇〇〇もの返信が寄せられた。

アマビーレ教授がデータを分析した結果、ある要因がはっきりと浮かんできた。人は、なにか意味のある仕事を成し遂げたと思えるときが、いちばん幸せである——そして、もっともやる気になれる——ということだ。それは、革新的な成果でなくてもいい。少しずつでも目に見える進歩があればいい気分になれるのだ。あるプログラマは、こんなふうに言っていた。「一週間ずっと悩まされていたコンピュータのバグを除くことができたんだ。

あなたにとってはつまらないことかもしれないけど、僕みたいに味気ない毎日を送ってると、こんなことでもすごく興奮できる」

つまり、上に立つ者は、部下の目標達成を助けることで、彼らからもっとも多くを引き出せるのである。悲しいかな、ほとんどの管理職はこのことに気づいていないと思われる。アマビーレ教授は六六九名の管理職に、部下のやる気に影響を与える五つの要因を順位づけしてもらった。その五つとは、進歩を助けること、いい仕事を褒めること、金銭報酬を与えること、対人関係を助けること、そして明確な目標を与えることである。進歩を助けることを一位としたのは、全体のわずか五パーセントであり、ほとんどの管理職はこれを五位に位置づけていた。

有能な上司になるためには、アメフトのコーチのようにハーフタイムに大声を張り上げて選手を鼓舞する必要はない。あなたとあなたの部下が目に見える成果をあげられるようなシステムを作ればいいのである。そのシステムの核になるのは「仕事を任せること」だと私は思う。

仕事を任せる

もしあなたがこれまでの章のアドバイスに従っているなら、あなたと組織の最優先の目標のために時間の大半を使っているはずだ。しかし、優先順位の低い目標もまた、やり遂げる必要がある。だから、仕事を任せるのである。そうすれば、部下が優先度の低い仕事をしている間に、あなた自身は優先度の高い仕事に集中できる。

上手に仕事を任せれば、組織全体の生産性が高まる。逆に、そうしなければ、ひとりの上司がひとつの大プロジェクトにつき大人数の部下を率いることになる。部下に仕事を任せれば、ひとりの上司がいくつもの少人数のチームを率いて複数の大規模プロジェクトを行なえるようになる。つまり、上手に仕事を任せることで、優秀な管理職のスキルを組織全体で活用できるようになるのである。

二〇〇四年に私がMFSインベストメント・マネジメントの会長に就任したとき、MFSは証券取引委員会（SEC）の強制処分から立ち直ろうとしていた。多くの取り組みが求められるなか、優秀なCEOのロブ・マニングは、彼の能力をもっとも発揮できる分野に集中する必要があった。私もロブも投資チームを率いた経験はあったが、ロブは取締役会や規制当局との接触が比較的少なかった。そこで、私たちは役割分担をはっきり決めた。ロブは投資成績を上げること――投資顧問会社が最優先しなければならない課題――に集中し、同時に総務や予算といったその他の社内機能を担当することにした。私は社外関係を任された。規制当局との交渉、重要顧客とのミーティング、取締役をなだめることなどだ。お互いが得意分野に集中したことで、MFSは早期の再建に成功した。

個人商店を経営する

では、上手に仕事をまかせるにはどうしたらいいだろう？　それには、あなたと部下の両方が、「個人商店を経営する」つもりで仕事をすることが必要になる。大企業の社員が、みな自分を中小企業のオーナーだと思うことが大切なのである。この大原則をどのように実践するかは後ほど詳しく述べることにして、ここではその要点だけを紹介しよう。プロジェクトの明確な目標を設定し、おおまかな方向性を与えたら、その目標達成にいちばん効果的な方法を部下自身に決めさせる——それ以降は、口をはさまない。こうして、部下が最高の仕事をできる環境を作り、その間に自分は最優先すべき目標に専念するのである。

個人商店主のように仕事をする文化を育むことで、社員のなかに起業家精神が生まれる。ゼロックス傘下のITサービス企業であるACSの元社長、リン・ブロジェットも同じことを言っている。彼は自分の会社が「個人事業主の集合体」であってほしいと言う。社員が自分の金を使うつもりで意思決定を行なうのが理想だと言うのである。社員に「このコンピュータをいま買う必要があるのか、それとも二年前のものでも済ませられるのか」と自問してほしいのだ。

逆に、社員が個人商店を経営している気持ちにならないと、常に指示を待ち、上司に問題解決を頼るようになる。それではみんなの時間を浪費してしまう。あるCEOは私にこう言った。「社員が上司の指示を求めていたら、絶対にうまくいかない。それぞれに問題も状況も違いすぎて、上司が全部に細かい指示を与えられるはずがないからだ」

この原則に従った経営には、ふたつの大きな長所がある。

臨機応変に対応できる

社員が自分を個人商店のオーナーだと思えば、状況の変化に応じて、上司の承認を待たずに臨機応変に対応する。二〇〇〇年代はじめに海兵隊のポール・ヴァン・ライパー中将が参加した戦争シミュレーションゲームでは、このやり方が見事に奏功した。ライパー中将の役割は、中東の独裁者として軍隊を率い、対米戦争を遂行することだった。ライパー中将は、軍事力で圧倒的に優位に立つアメリカを打ち負かした。いちいち指示を仰がせるより、現場の部下に判断を任せることにしたからだ。ライパーの部下は戦況の変化に合わせることができたが、伝統的な米軍の上意下達システムは先の見えない戦場で兵士の足かせになったのである。

もちろん、あなたの部下は頭上を行きかう銃弾から身を守る必要はないが、変化の激しい市場や予期せぬ技術的な問題に素早く対応することを求められる。ここで、「個人商店主のように考えること」が全社的な生産性の向上につながった事例を紹介しよう。イギリスのある家電メーカーは、長年ロボット装置の操作員に厳密な指示を与えていた。装置に不具合が起きたら、かならず専門家に連絡すること。自分で修理してはいけない、と。あるとき、研究員が実験を行なってみた。ちょっとした不具合の修理方法を操作員に教え、自分で修理できる場合はそうするように頼んだのである。この指示のあと、もっとも不具合の多かった機械の故障時間が三九パーセントも減り、工場の生産性は格段に上がった。

仕事にやりがいができる

部下にプロジェクトの広い裁量を与えれば、彼らは結果に責任を感じ、成功しようとより励むようになる。自分の日々の行動が事業部や組織全体に直接影響すると知り、やる気が湧いてくるのである。

この効果は、リチャード・ハックマンとグレッグ・オールドハムのふたりの心理学者によって証明されている。ふたりは七つの組織で六二の職種に就く六五八名の社員を調査した。社員にそれぞれ仕事の内容を聞き、それをどう感じているかを訊ねた。さらに、社員の努力、仕事の質、仕事量を上司に評価してもらった。すると、裁量の多い社員ほど、結果に責任を感じていることがわかった。ふたりはこれを「経験的責任感」と呼んでいた。なぜなら、それは社内的な地位とは関係ない、社員の「経験による」主観的な責任感だったからである。そしてこの気持ちが、もっと努力していい結果を出そうというやる気につながっていることもわかった。

役員秘書

どんな地位の社員にも、この「個人商店主」の原則は当てはまる。役員秘書もそうだ。ただ指示を待ち命令に従うだけの秘書と、「個人商店主のように考える」秘書では天と地ほどの差がある。幸運にも、私にはオーナー精神の塊のような秘書のコートニーがいる。彼女は私の毎日のスケジュールを組み、出張を手配し、予定が重ならないよう調整してくれる。しかも、私の間違いをいつも正してくれる――それも、礼儀正しく。

優秀なエグゼクティブの背後にはかならず、しっかりと手綱を握る秘書がいる。GEの元会長、ジャック・ウェルチは秘書のロザンヌ・バドゥスキーと一四年以上ともに働いていた。彼女こそ、「個人商店を経営する」プロフェッショナルの鏡である。

「私は、スケジュールを見ただけで、その日の約束や会議や社外イベントの一覧から、会長がその半日のうちに知りたがる事柄を一枚の紙にまとめることができます。大切な顧客の訪問予定があれば、その顧客のことを知りたがるはずです。ですから、その顧客と関わりのある主な社内の重役と前日までに連絡をとり、顧客関係のプラス面とマイナス面の両方を書いたまとめを提出してもらいます」

ロザンヌやコートニーといった役員秘書は、個人商店主のように仕事をすることによって、組織の生産性を大いに上げている。彼女たちがわずらわしい雑事を引き受け、事実を確かめることで、上司はその能力をいちばん必要とされる仕事、たとえば戦略策定に投入できるのである。

部下を信頼する

「個人商店を経営する」方法がうまくいくには、周囲に信頼できる優秀な人材がいることが欠かせない。高い能力と健全な判断力を持つ部下なら、上司も喜んで仕事を任せようと思うはずだ。部下を信じていれば、安心して彼らの流儀に任せられる。逆に、部下の能力を疑っていると、細かく指導したくなる――または、自分が手を出したくなる――ものだ。

適材を採用する

信頼への第一歩は、適材の採用だ。健全な倫理感を持つ、優秀でやる気のある人材を採用しなければならない。もしあなたに採用の権限があるのなら、それを使わない手はない。エグゼクティブにとって、部下の採用だけは人任せにしてはならない事柄である。時間の節約になるからと人事部に採用を任せたくなる気持ちはわかる。しかし、それが結局あだになるのだ。優秀な部下を採用すれば仕事を任せられるので、数千時間も節約できる。選択を間違うと、自分の目標に専念するどころか、長時間を費やして手取り足取り監督し、もめごとの仲裁をしなければならなくなる。

部下選びに成功するには、どうしたらいいだろう？　参考になる面接のチェックリストは数多くあるが、私が採用のプロセスでもっとも重要だと思うのは、次のことである。

・面接時に、志望者に生い立ちを語ってもらう。高校時代から始めるといい。そうすれば、人となりや動機がわかる。私たちはみな、生い立ちに深く影響されている。

・前職での最大の功績を訊ねる。「勤勉さ」などというあいまいな答えで満足してはいけない。斬新な手法をどう編み出したかや、どう問題を解決したかを具体的に話してもらう。

・志望者に自信のあるトピックを選んでもらい、知的な議論を交わす。そうすれば、知的レベルがわかる。自分の意見をうまく主張できるか？　矛盾や反論にどう応えるか？

・創造性を測るよう努める。「レンガ一個をビジネスにどう使うかを思いつくかぎり教えてほしい」といった質問をする。マイクロソフトのある社員は三五とおりの利用法を思いついたという。

・業界経験よりも、可能性を見る。運動神経の高い選手がどんなスポーツにも秀でる確率が高いのと同じで、賢く勤勉な人材は、新しい分野の専門性を身につけられる。

・あなた自身が紹介者に連絡をとり、おざなりでない本音の評価を引き出す。訴訟リスクや社会的な圧力のために、多くの雇用者は元社員のマイナス面に触れたがらない。なので、それとなくマイナス面を口にするように仕向けてみる。たとえば、このように聞いてみよう。彼はあなたの部下のなかでいちばん優秀な人材でしたか？　違うのであれば、その理由は？　彼を雇うとしたら、どんなリスクがありますか？　彼または彼女に戻ってほしいですか？

信頼を育む

優秀な人材を採用したら、双方向の信頼が築かれるよう努力しなければならない。部下を強く信頼していれば、仕事も任せやすくなる。また、部下があなたを強く信頼していれば、最高の仕事をしようという気持ちになる。残念ながら、二〇〇〇年代の企業スキャンダルによって、経営陣に対する従業員の信頼は崩れてしまった。調査会社のマリッツ・リサーチが二〇一一年に行なったアンケートによると、自社の経営陣が倫理的で正直だと答えたのは全体の一割しかいなかった。

では、どうしたら部下の信頼を得られるだろう？　まず、これ以上ないほど誠実に仕事に励むことである。つまり、正直で高潔な人間であることだ。そしてかならず約束を守ることである。あなたが真実を話していないと思えば、部下はあなたと仕事をしたがらないだろう。また常に丁寧に礼儀正しく振る舞うことが必要だ。無礼で意地悪な上司を部下が支えることはない。

次に、部下といつでも率直に対話できることが大切だ。部下に話しかけるだけでは充分でない。積極的に耳を傾けなければいけない。まさに、話すより聞かなくてはいけないのである。部下の忠告を受け入れ、その気持ちを対面で伝えることが必要だ。あなたが部下の意見を大切に思っていることを、部下にわかってもらわなければならない。

また、あなたが全員の共通の目標に向けて努力していると、部下が信じていなければならない。あなたの個人的な野心のためではないことをわかってもらうことが大切だ。上司が自分の見栄しか気にかけないと思えば、部下は上司を助けようとは思わない。反対に、同じ目標に向けて上司が努力していると思えば、部下はいつもにもまして力を出すものだ。

最後に、上司が部下の能力を信頼して仕事を任せていることを部下が感じていなければならない。上司の信頼は、部下に仕事を全面的に任せること、つまり個人事業主のような裁量を持たせることによって示される。部下が最善だと思う方法で目標を達成するよう自由を与えれば、部下の判断を信用していると示すことになる。反対に、手取り足取り指図して部下を厳しく管理するのは、自由にさせるとミスをすると上司が恐れている証拠である。

オーナー精神を吹き込む――チームを成功に導くための準備

信頼関係に基づいたいいチームができたら、プロジェクトごとに「個人商店を経営する」ために次の五段階を実行する。

1 目標を設定する

新しいプロジェクトのはじめに、目標と制約をチームにはっきりと伝えること。たとえば、管理部長にアメリカでの新規工場用地を探すよう頼んだとしよう。特定の都市の名前を挙げるよりも、その場所の条件を挙げた方がいい。たとえば、

・商品が顧客にすぐ届く距離にあること。

・操業の費用対効果が高いこと。

・熟練労働者が集まりやすいこと。

また、目標達成にかける時間を、部下にある程度自由に決めさせた方がいい。部下自身が締切を決めれば、間に合わせようとより必死になる。しかし、あなたは、目標達成のためにチームがまずなにをすべきかを考える助け——いわゆる「門番の役目」——になれる。たとえば、とっかかりとしてこの種の工場への税制の優遇措置のある都市を調べるようアドバイスすることなどだ。

2　適切な評価基準を定める

任せたプロジェクトのおおまかな目標を決めたら、部下たちとあなたとでプロジェクト

の評価基準をはっきりと取り決めておく必要がある。評価には定量的な基準と定性的な基準の両方が要る――たとえば、ネット取引の処理速度の短縮と、顧客満足の向上などである。こうした評価基準がチームの指針になり、もっとも大切なことにチームは集中できる。適切な基準を選ぶ作業が、気づきにつながることもある。プロジェクトのなかでなにがいちばん大切なのかをチームメンバーとじっくり話し合う機会になるからだ。話し合いのリーダーはあなただが、評価基準の最終的な決定は部下たちに任せるのがいちばんだ。繰り返しになるが、自分たちで決めた基準なら、達成のために一層努力するはずである。

新工場の用地選びの例に戻ろう。目標の達成を評価する基準をそれぞれ次に記してみた。

・工場から翌日配達が可能な顧客の割合。

・土地の値段、地域の税率、人件費などのいくつかのコスト項目。

・熟練労働者の供給を測るひとつの簡単な基準は、必要な技術を持った専門家（たとえば化学技術者）を一〇名雇うのにかかる時間である。より多くのデータを入手できる場合は、もっと直接的に――たとえばこの地域の化学技術者の数など――熟練労働力を測ってもいい。

すべての評価基準がみな同じ重要性を持つわけではない。あなたが比較的重要と思う基準があれば、それを明確にすべきである。重要性を知ることは、チームがトレードオフを考える助けになる――施設の移動は、ある基準ではプラスでも、別の基準ではマイナスかもしれない。

評価基準を注意深く設定しよう。とりわけ、プロジェクトの目標達成に強い関わりを持つ基準に注意しよう。評価基準がいいかげんでは、プロジェクトははじめから失敗したも同然だ。基準の良し悪しについては、多くのすばらしい学術論文があるが、大切なのは次の点である。その基準が評価すべきものを測っていること――それが、部下を間違った判断に導かないこと。

特定の行動を促すための評価基準が、逆のインセンティブになる場合がある。たとえば、あなたがある街の市長だとしよう。犯罪を減らすため、起訴が有罪判決に結びつく割合を基にして、検察官に報酬を与えることにした。そうすれば、検察官が一層証拠調べに励み、検察の主張がより強固になると考えたからだ。しかし、その後の数カ月間に、公判まで行かずに釈放される被告の数がどんどん増えていった。あなたは、犯罪者を塀の向こうに送るかわりに、難しい事件を回避するインセンティブを検察官に与えてしまったのである。

純粋な数量基準、たとえば訪問回数や完了した修理の数などは、いいとこどりになりかねない。そのような場合は、リスク調整後の複数の指標を使った方がいい――簡単な仕事に取り組むよりも、難しい仕事に挑戦したことを評価するのである。

間違った情報を生んでしまうような、有害な評価基準もある。たとえば、ネット広告はたいてい特定サイトへの訪問回数を最大化することを狙っている。しかし、ページビューだけを測るのは問題だ。ウェブサイトのデザインがお粗末で、訪問者が目当てのものを見つけるまでに八ページもさまよう必要があったのかもしれない。だから、ページビューが八回――大成功だ！――になるのである。しかし、それでは、いらだつ顧客がひとり増えただけだ。

3 必要なリソースを与える

プロジェクトの目標と評価基準を設定したら、次はその遂行に必要なリソースを部下のために確保しなければならない。このリソースには、プロジェクトの遂行に必要な金銭、人材、装置などが含まれる。残念ながら、予算の縛りでこうしたリソースが与えられないことも多い。もしそうなら、あなたは上司としてプロジェクトの規模を縮小するか、このプロジェクトがそもそも可能かを考え直してみるべきだ。充分なリソースを与えずに高い目標を設定しても、プロジェクトは失敗し、部下の不満が募るだけである。

また、部下たちには目に見えない支援も必要だ。問題が起きたら助言者として解決を助ける心構えをしておかなくてはならない。たとえば、私がフィデリティの社長時代、最高投資責任者（CIO）が、前年に投資成績のふるわなかったポートフォリオ・マネジャーにどのようにフィードバックを与えたらいいかとアドバイスを求めてきたことがある。私は、CIOがこの微妙な問題をじっくりと考えることを助け、優秀なポートフォリオ・マネジャーでもたまに不振になることがあると指摘した。それをきっかけに、CIOはそのポートフォリオ・マネジャーと腹を割って前向きに話し合うことができた。私がその話し合いに加わる必要はなかった。

また、同じように、部下が社内のほかの部署と闘わなければならない場合には、それを助ける心構えが必要だ。あなたが比較的高い地位にいるのなら、管理部門などの重大な決定に影響を与えることができるだろう。たとえば、人事部は新しい社員の転居費用の補助額に上限を設けているとしよう。一方で、あなたの部下がある優秀な人材を採用したがっていて、その人物はたまたま二〇〇八年の頭――まだ不動産バブルが弾ける前――にカリフォルニアに家を買ってしまっていたとする。しかし、いまその人物に値段の下がったカリフォルニアより不動産相場の高いボストンに引っ越してもらわなければならない。ボストンに移ってもらうには、通常の転居費用の上限に例外を認めてもらうよう、上司が助け舟を出す必要がある。

4 息苦しくないように見守る

「個人商店を経営する」手法のうち、この部分がほとんどの管理職にとっていちばん難しいところだ。つまり、部下がいいと思うやり方で自由に仕事をさせることである。たいていの上司は、エクセルの形式を指定せず、部下の机の周りをうろついて手取り足取り指示を与えなければ、「個人商店を経営させる」達人だと思い込む。典型的なイメージに当てはまらなければ、自分はマイクロマネジャーではないと勘違いしてしまうのだ。

現実のマイクロマネジメントは、もっと目に見えにくい。よくあるのは、部下に一任したはずのプロジェクトの裁量を取り上げたり、重箱の隅をつついたりすることだ。以下の項目を自問してほしい。もしひとつでも当てはまることがあれば、自分では気づかずにマイクロマネジメントを行なっている可能性がある。

・プロジェクトに問題が発生すると、乗り出して細かい指示を出す。
・部下たちがこれまでにない取り組み方をすると、いつも反対する。
・部下はあなたの「アドバイス」にいつも忠実に従っているようだ。

・プロジェクトが終わると、些細なミスをあれこれと探してしまう。

マイクロマネジメントを避けるために、プロジェクトの手綱をすべて手放す必要はない。プロジェクトを任せたら自分が完全に身を引く必要はないのである。部下を支えながら積極的に見守ることが大切だ。

定期的に状況報告を求めることで、部下とのつながりを保とうとする管理職は多い。しかし、大規模なプロジェクトを任せる場合は、それだけでは足りない。会議嫌いの私でさえ、こういう場合には会議が必要になる。プロジェクトの折り返し点で直属の部下たちに会い、進展について話し合うこと。現状をおさらいし、予期せぬ問題がありそうな領域について話し合おう。この話し合いの結果を反映して、全員で目標や評価基準を見直そう（これが、第二章で述べた「中間チェック」の模範例である）。しかし、あなたの言葉はただのアドバイスであることもチームに確認しておく必要がある。部下たちが最善と思う方法で、見直した目標を達成すればいいことをはっきりさせよう。

5　ミスを許す

「個人商店を経営させる」ことは、さまざまな戦略を試す自由を部下に与えることでもある。すると、状況判断を誤ることもあれば、欠陥商品を発売してしまうこともある。しかし、本気で部下に新しいアイデアを試してほしいなら、失敗を受け入れなければならない。
もちろん、違法行為や反倫理的な行為を見て見ぬふりをすべきでないし、無精や怠惰による失敗を許してはいけない。また、同じ失敗を繰り返すことも許すべきでない。たとえば、システム部が顧客サービス向上のためにメインコンピュータのコードを改変したことで、思いがけない障害が生じたとしよう。この失敗は理解できるが、次のコード改変時に同じような問題が起きたら決して許すべきでない。「これまでにないミスをしよう！」というのが、私のモットーである。

以前と同じ失敗や倫理観の欠如による失敗を許してはいけないが、一生懸命さゆえの失敗なら快く許さなければならない。寛容の価値を重んじ失敗をも褒めるのが、本当に賢い上司だ。たとえば、イリノイ州のある給与支払いサービス企業は「最優秀新規失敗賞」を贈っている——新しいことに挑戦して失敗し、その経験から学んだ社員に年間四〇〇ドルの現金を支払うのである。ニューヨークの広告代理店、グレイ・アドバタイジングもまた、リスクが高くこれまでにないようなとんがったアイデアに対して、「英雄的失敗」賞を四半期ごとに贈っている。この賞のおかげで、社員は自分の失敗をおおっぴらに話すようになる——すると、みんなが怖がらずに新しいことに挑戦できるようになる。家電協会の会長であるゲイリー・シャピロはこう言っている。「失敗してもいい——失敗を隠してはいけない」

プロジェクトが失敗したときは、率直で建設的なフィードバックを冷静に与えるべきである。こうした状況こそ、部下に多くを教えるチャンスなのである。どんなに明らかな大失敗だったとしても、個人を攻撃してはいけない。この失敗につながったミスを指摘すべきである。このときを、その部下と願わくばチーム全体にとっての「学びの瞬間」にしよう。部下に特定の活動や行為を変えるよう忠告するのはいいが、人格を批判してはいけない。まずはうまくいったことについて話したあとに失敗について話す方がいい。

部下にきちんとフィードバックを与えることが、次にもっといい仕事をする助けになる。屈辱を与えても、目標達成には逆効果だ。そんなことは当たり前に思えるが、多くの社員は上司に屈辱を受けたと感じていることを、ふたりの経営学の教授が発見した。この調査に参加したある管理職は、一二人の部下の面前で無駄遣いが多いと叱責されたという。それも、クリップをゴミ箱に落としただけのことで。この調査によると、屈辱を受けた社員の半数は、上司の行動に対抗するためにわざ、と生産性を下げたという。どうしたら部下に屈辱的な思いをさせずに済むだろう？　批判があれば、ふたりきりのときにすることである。人前で叱ってはいけない。そして、会話のなかで相手への敬意を示すことだ。

賢い批判は学習に欠かせないが、部下のやる気を引き出すには褒めるのがいちばんだ。できるかぎり部下を褒め、彼らの貢献がいかに大切かを知らせよう。私の経験から言えば、前向きなフィードバックならいくら与えてもいい。上司は、部下を褒めるとおべんちゃらに聞こえるのではないかと思いがちだ。しかし、ほとんどの部下は、上司が自分たちの仕事をきちんと評価していないと思っている。部下にしてみると、感謝の言葉があまりにも少なすぎるのである。

批判の重み

人間が、肯定的な出来事よりも、上司からの批判といった否定的な出来事により強く反応することは、これまでにさまざまな研究で証明されてきた。ミネソタ大学のテレサ・グロンブ教授が行なった研究では、軽工業の四〇人の工員にある装置を手渡した。およそ二時間に一度、その装置の呼び出し音が鳴り、労働者はそのときの気分と、その間に起きたいことと悪いことを手短に報告した。その結果、批判に対する反応は、褒め言葉に対する反応よりも平均で一〇倍も強いことがわかった。この教訓は明らかである。どんどん褒めることだ。批判はたまにでいい。

批判するときとは逆に、褒めるときは人前で褒めた方がいい。できれば経営陣の前で、部下の貢献を褒め称えよう。上司が部下を背後で支え、組織のなかで部下の成果を宣伝することで、なによりもお互いの信頼が築かれる。反対に、上司が部下の貢献を無視して成果を横取りすれば、信頼は即座に壊れてしまう。

ペプシコのCEO、インドラ・ヌーイは、人前で褒め言葉を伝える斬新な方法を編み出した。インドへの里帰り中に、母親が自分の成功をどんなに喜んでいるかを知って感動したことがきっかけだった。彼女は、直属の部下たちの親に手紙を送り、優秀な子供を育てたことを褒め称えたのである。親たちは誇らしさで胸がいっぱいになり、部下の忠誠心は高まった。ヌーイCEOのように、あなたも斬新な方法で、部下の仕事ぶりに感謝を表わしてみるといい。

心に留めておくこと

① 優先度の低い仕事を部下に任せ、もっとも重要な目標のために自分の時間を使う。

② おおまかな目標を設定したら、部下がいちばんいいと思うやり方で目標を達成させる。

③ 目標達成の成功を測る基準を部下に決めさせる。

④ 直属の部下を自分で採用する。このいちばん重要な仕事をだれかに任せてしまったら、ほかの仕事を任せられない。

⑤ 部下との信頼を慎重に築く。誠実に、礼儀正しく振る舞い、なんでも率直に伝える。任せた仕事を遂行するための支援とリソースを与える。組織のなかで彼らの味方になる。

⑥ プロジェクトの折り返し点で部下と状況を話し合い、必要に応じて目標や評価基準を見直す。

⑦ 見直した目標や評価基準をどう達成するかは部下に任せる。プロジェクトを支配してはいけない。

⑧ 善意のミスを許し、励ます。しかし、同じ過ちや倫理観の欠如を許してはならない。

⑨ 批判するときは、ふたりきりでする。特定の行動を注意すること。決して人間性を攻撃してはならない。

⑩ 気前よく部下を褒める。褒め言葉ならいくら言ってもいい。

第十一章　上司をマネジメントする

部下のマネジメント次第であなたの生産性が大きく変わるように、上司のマネジメントもあなたの生産性を左右する。

上司のマネジメントといっても、おべっかを使ったり、自分の都合のいいように上司を操作することではない。お互い実になるパートナー関係を築くことである。だからといって、対等な関係ではない。上司の方が立場が強いことは間違いないからだ。だから、たまたま気が合えばいいとのんびり構えているわけにいかない。ピーター・ドラッカー曰く、「上司を好きになったり褒め称えたりする必要はない。また忌み嫌う必要もない。だが、上司をマネジメントする必要はある。上司があなたの成果や業績や個人的な成功の助けとなるように、マネジメントするのである」

なにを話すか

上司との対話――その内容と方法――は、実りある関係を築くうえでもっとも重要である。まずは、あなたがすべきことについて、意見を一致させる必要がある。第一章で目標設定の練習を行なっていれば、上司がなにを望んでいるかをよく考えてみたはずだ。だが、上司の微妙な心理はわからないと思った方がいい。状況によって考えが変わることもある。いま任されている仕事を、あなたが重要だと思う順に並べて上司に見せてみよう。もし誤解があれば、上司が修正してくれるだろう。このリストを毎週上司と話し合い、あなたの目標が正しいことを確認しよう。

締切に追われているときは、話し合いを省きたくなる。だが、やめてはいけない。一週間のうちにはたくさんの変化がある。とくに上司はそうだ。多忙ななかで、あなたの仕事に影響する細かいことをあなたに伝え忘れているかもしれない。「ああ、ちょうど思い出したんだけど」ということがきっとあるはずだ。あなたもまた、急に優先度が下がった仕事のために時間を無駄にしなくて済む。

すべきことと優先順位を確かめたら、その実行方法について上司の意見を聞いてみる。あらゆるプロジェクトの細かい予算と各段階の人員の手当てを事前に承認したい上司もいる。部下の裁量に任せて、そこそこの費用でよい結果が出ればいいという上司もいる。また、その両極端の中間にたくさんの上司がいる。どのタイプかを知るには、上司がどの程度関与したいのかをはっきりと話し合っておいた方がいい。

上司と自分の波長が合っていることを確かめるには、フィードバックを引き出すよう積極的に努力すべきである。私の経験では、建設的な批判を躊躇する上司は多い。部下がそれとなく感じ取ることを期待する上司もいれば、とにかく対立を避けたい上司もいる。どちらの場合も、自分からはっきりとフィードバックを求めた方がいい。会議のあとやプロジェクトの終わりに、「どう思われました?」と軽く訊ねてみよう。もし返事がおざなりなら、具体的な点を挙げてもらおう。「改善点はどこでしょう?」と。

こうした非公式なフィードバックはなにものにも代えがたい。上司があなたの仕事を、本心ではどう思っているのかを知る必要がある。あなたの仕事ぶりに密かに不満を募らせているとしたら、改善の機会を与えずにクビにするかもしれない。いずれにしろ、正式な人事評価の前にこうした対話を持ってみよう。人事評価をただのおかざりだと考えている上司は少なくない。

コミュニケーションの形式を上司に合わせる

日々のコミュニケーションの形式は、上司の好みに合わせるべきである。上司がどんなやり方に慣れ親しんでいるかに注意してみよう。現在進行中のプロジェクトについて質問があれば、あなたに電話をかけるか？　おしゃべりをしに机までやってくるか？　それともメールで必要な情報だけを訊ねてくるか？　だいたいの場合は、上司がどのようにコミュニケーションを発信するかで、部下に望む形式がわかる。したがって、上司と同じ方法で返信すればいい。

たとえば、私は電子媒体よりも絶対に紙媒体がいい。メールで一ページを超える文書がきたら、かならずプリントアウトする。しばらくすると、職場の仲間たちは私の傾向に気づき、私に読んでほしいものがあればなにも言わなくてもプリントアウトしてくれるようになった。私も手間が減り、仲間の心づかいをよりありがたく受け取れるようになった。

ほとんどの職場では、メールでのやりとりがいちばん多い。しかし、メールの使い方も上司によりけりだ。私はあいさつなどは抜きにして、箇条書きだけの短いメールで済ませる。だが、なかにはきちんとした文章で、ことこまかなメールを送る人もいる。いずれにしろ、相手に合わせることが肝心だ。上司が箇条書きなら、あなたも箇条書きでいい。長々とした丁寧な文章を書く上司なら、あなたも文法に気をつけてより細かい分析を返信した方がいい。

しかし、メールのやりとりからは誤解が生じやすいので、気をつけなければならない。あわてであいまいな言葉遣いをしていても、相手が察してくれるはずだと思い込むこともある。そうした不注意は禁物だ。長いメールも短いメールも、できるかぎり正確に意図を伝えること。そして、「送信」ボタンを押す前に、かならずもう一度読み返すこと。

どのくらい急いでメールに返信すべきかは、上司による。日に数回しかメールをチェックしない人もいる。それなら、一時間やそこらは返信しなくても問題はないはずだ――緊急の対応が必要なら、電話をするか、立ち寄るはずだからだ。反対に、携帯を肌身離さずお守りのように持ち歩いている人もいる。彼らは、自分がメールを送れば部下がただちにそれを読み、その場で返事を書き始めるはずだと思っている。もし上司がそんなタイプなら、メールチェックは一時間おきくらいの方があなたの仕事がはかどると説得してみよう。それでも上司がすぐにメールを返せと言い張るなら、従うしかない。

同様に、報告の形式も上司の好みに合わせた方がいい。ハードコピーを提出するか、メールを書くか、口頭で伝えるか。上司に合わせた形式で、重要なポイントを強調しよう。たとえば、私の場合は、直属の部下に、現況をいくつかの章に分けて報告してもらう。既存の重要プロジェクト、新規任務、その他の問題、といった具合だ。いずれにしても、できれば報告書を一枚にまとめ、内容は上司が望むものに限定する。対面で報告する場合は、短時間で要点を話す。しゃべりすぎは禁物だ。簡潔にポイントだけをおさえて次に移った方が、はるかにいい印象を残せるだろう。

上司の経営スタイルに合わせる

コミュニケーションの好みにかぎらず、上司の経営スタイルにも慣れた方がいい。上司の発言（または発言しないこと）の行間を読んで、くせを見つけ、それに合わせてやり方を変えよう。性格まで真似する必要はない。ただ、あなたの行動と習慣を上司の経営スタイルに合わせればいいだけだ。

ここに、上司の経営スタイルを知るための練習問題がある。次の択一問題に答えてみよう。

上司のタイプは――

A　責任者タイプ
B　コーディネータータイプ
C　問題解決者タイプ
D　分析家タイプ

上司がいちばん評価するのは――

A　実践
B　チームワーク
C　イノベーション
D　完璧さ

上司の意思決定の方法は——
A　コンセンサス型——全員の同意を求めるタイプ
B　独裁型——俺についてこいタイプ
C　議論型——自分の意見を持ち、相手にも耳を傾けるタイプ
D　リスク回避型——従前のやり方に従うタイプ

問題が起きた場合の対応の仕方は——
A　部下のミスを責める
B　外部要因のせいにする
C　詳しい情報を集めて問題を分析する
D　同じような問題が起きるのを防ごうと努める

　上司の経営スタイルを考える際には、どのタイプの性格かを考えてみるといい。性格分類には多くの複雑な手法があるが、私は簡単な分類法を使う。これまで仕事で見てきた経営スタイルには、大きく分けて四つのタイプがある。発明家タイプ、共感者タイプ、慎重派タイプ、執着者タイプである。すべての上司がこの分類にぴったりと当てはまるわけではないが、この枠組みが、上司の弱点を知りそれを補う助けになる。

　発明家タイプの上司は、リスクを負って実験的な試みを行ないたがる。新しいことへの挑戦が好きなのだ。その結果、このタイプの上司がいる職場は、大胆で刺激的な環境になる。反面、このタイプの上司が混乱を生むこともある。ビジョンはあっても、細かい実践は苦手だからだ。あなたの上司が発明家タイプなら、新しいことに挑戦するために雇われているのだから、挑戦の邪魔をすべきでない。ならば、部下としては、上司の背後で静かに細かい穴を埋めるべきである。発明家タイプの上司とのコミュニケーションは、簡単な箇条書きに留め、詳細は省いていい――だが、細かい指摘が全体像を大きく変える場合は、このかぎりではない。

　共感者タイプの上司は、部下の気持ちをいつも気にかけている。このタイプの人たちは、あの手この手で、部下全員に感謝の気持ちが伝わるように努力する。それがうまくいけば、信頼が生まれ生産性も上がる。しかし、このタイプの上司は、部下の気持ちを気遣うあまりに仕事がおろそかになることもある。そんな人が上にいる場合には、やさしい側面を真似してみよう。親しみのある態度で接し、相手の言葉に耳を傾け、同僚の気持ちに気を配るのだ。しかし、それはそれとして、仕事はきちんとやり遂げなくてはならない。したがって、時間制限や締切に注意するよう仕向ける必要がある。たとえば、顧客に電話をするために、会議を一時間半で抜けなければならないと丁重に伝えるのである。

慎重派タイプの上司は確立された慣習を重んじ、リスクを極力避けたがる。きれい好きで、仕事は遅いが確実にこなす。慎重派タイプの上司は、ある意味でいちばん働きやすい。上司のやり方に従うだけでいいからだ。時間を守り、会議の前に準備を怠らなければいい（たとえば、事前に資料を読み込んでおく）。しかし、このタイプの上司は、劇的な変化が必要なときには、あまり役に立たない。もし、上司が対応できないほど大幅な方向転換が必要だと思ったら、詳細な情報を提供し、リスク管理を強調して、時間をかけて上司にじっくりと問題を考えさせよう。慎重派タイプの上司に新しい行動を求めるときは、忍耐強く待つ必要がある。

執着者タイプの上司は自分にも部下にも要求が厳しい。些細な点にもこだわり、うっかりミスを許さない。嫌味っぽいのは自分自身への強い不安の裏返しで、自分の振る舞いが相手に与える影響に気づいていないことが多い。このタイプの上司は、もっとも働きづらい。部下は必要以上にプロジェクトの詳細を調査し、適切なデータを集めなければならない。あなたが非常にうまくやっていても、執着者タイプの上司は鋭く批判することもある。

もしそうなら、あまり気にせず、なにをやってもこの上司は満足しないと諦めるしかない。だが、繰り返し嫌味を言うようなら、正面から話し合う必要がある（この手の話し合いを始める際は、この章の「いやな上司とつき合う方法」を参考にしていただきたい）。それでも態度が変わらなければ、もっと支えになってくれそうな上司がいる部署か別の職場を探した方がいい。

上司と実りあるパートナーシップを結ぶ

与えられた時間と予算のなかで常にすばらしい結果を出していれば、どんなタイプの上司でもあなたを気に入るはずだ。いい仕事をしていれば、上司はあなたの考えに耳を傾け、より大きな裁量を与えて自由に仕事をさせてくれるようになるだろう。昇給や昇進、また、よりやりがいのある仕事を与えて、あなたをつなぎとめようとするはずだ。

あなたもまた、チームプレーヤーでなければならない。たとえ面倒な仕事でも、上司のためにやるべきことは喜んでやる必要がある。たとえば、証券取引委員会（SEC）に勤務していたころは、法廷や政府機関への緊急の書類申請に何度も追われた。サポートに入った若手弁護士が大量の書類をコピーし、ホッチキスで止め、郵送してくれて、本当に助かった。こうした雑用をいやがる弁護士は、組織のなかですぐに「自己中」の悪いレッテルを貼られることになる。

成功したときには、それをきちんと上司に知らせよう。とくに、人事評価やボーナス査定前に、あなたの成果をしっかりと知ってもらう必要がある。私は、直属の部下に査定期間内の成果をリストアップしてメールで送ってもらうようにいつも頼んでいた。そのリストがあれば、人事評価やボーナス査定に重要なことを見逃さずに済む。上司に頼まれなくても、適切な時期に成果のリストを提出するといい。ここで控え目になってはいけない。あなたがリストを出さなければ、上司はあなたのさまざまな成果を全部知ることはできないのだ。

しかし、期待された結果を出さなければ、上司はあなたに背を向けるだろう。この、「期待された」という点が重要である。上司の期待が大きければ大きいほど、失望する可能性も高くなる。だから、目標は控え目にして、それを上回る成果を上げること。期待値を上回れば、上司はたいてい文句を言わないものだ。

プロジェクトが失敗しそうなら、事前に上司に充分に警告しておかなければならない。上司は、長期の遅れや大失態などの不意打ちをくらいたくないのだ。失敗だけでもいやなのに、それを事前に知らされていなければ最悪である。深刻な問題を事前に知らされていれば、目標を見直したり、リソースを入れ替えたり、適当な解決策を思いついたりするかもしれない。少なくとも、上司はその上司に守れない約束をしなくていい。

深刻な問題を上司に告げる場合、その損害を少しでも和らげる方法を提案する必要がある。解決策を提案せずに問題だけを指摘するのは「当て逃げ」のようなものだ。プロジェクトの障害となっている社内外の制約を解消する工夫をしてみよう。あなたがプロジェクトの目標を深く理解していれば、抜け道を見つけて目的を達成できるかもしれない――たとえば、あなたの会社が合弁会社の過半数株主になることを法律で禁止されているとしたら、経営陣を送り込んだり、優秀な人材を登用したりすることで、実質的な支配権を握ることができるかもしれない。

また、あなたの監督下で起きた問題に関しては、あなたが責任を負わなければならない。私は、直属の部下が自分の事業部の問題を他人や外部の出来事のせいにするのを聞くと、いつもイライラしてしまう。説明と言い訳は違う。深刻な問題につながった多くの要因を正確に挙げるのが説明だ。だが、それらの要因は遅れや失態の言い訳にはならない。さまざまな障害を予想し、それに備えることもあなたの仕事だからである。

上司に忠実であり続ける

時間をかけてすばらしい成果を重ね、固い絆を築いても、上司を裏切るようなことがあれば一瞬でその関係は崩壊する。上司に忠実であるには、味方でいなければならない。つまり、人前で上司を貶めるようなことを言わないということだ。気に入らないことがあるなら、本人と話し合えばいい。そして、冗談のつもりで上司をからかうようなことを給湯室で話そうものならどうなるか、よくよく考えた方がいい。面白おかしい冗談のつもりでも、話の内容から切り離された誹謗中傷の言葉だけが一人歩きして、上司の耳にかならず入るものだ。

組織の上層部に上司をよく見せる機会を見つけることも、忠誠を示すひとつの方法である。たとえば、上司のスピーチや決断を褒めるブログ記事を見つけたら、上司に教えよう。経営陣やほかの社員にそのブログ記事を送ると、もっといい。

上司であれ部下であれ、積極的に仲間の貢献を認めることが大切だ。自分の努力の成果を上司の功績だと認めれば、いまは損をした気になるかもしれないが、いつか自分が上司の善意に助けられる日がくるはずだ。

上司の頭越しにその上の指示を仰がないよう、とくに気をつけた方がいい。上司と話しても問題が解決できずにその上の人に話すときには、上司の許可をとってからにしよう——少なくとも、それを事前に上司に伝えよう。これは当たり前の礼儀である。しかし、上司が違法行為に関わっている場合に限っては、コンプライアンス部門に通報すべきである。

また、上司の上司からなにかを頼まれたら、上司にもそれを知らせておこう。頼まれごとを実行する前に上司に伝えることで、忠誠心を示すのだ。または、その上の人から、頼みごとをした旨を上司にひとこと伝えてもらおう。そうしなければ、組織の上層部があなたと直接関係することを、上司は不快に思うだろう。

もしあなたが中間管理職なら、自分の上司と部下が直接話すのは不安かもしれない。気になるのはわかるが、あなたの上司にとっては、これが情報を早く入手し現状を肌で感じるいい方法なのだ。そんなときには、間に入ることをお勧めする。上司と部下に頼んで、会話の内容を教えてもらうのである。

上司に反対する方法

普段は信頼し合える関係でも、上司と意見が一致しないこともある。これは当たり前のことだ。上司とて、ただのイエスマンの部下はいらない。戦略に合理性がない場合や、執行計画が現実的でない場合には、部下にそう言ってほしいのである。ナポレオン・ボナパルトはかつてこう言った。「恐るるべきは、あなたに異を唱える人々ではなく、それをあなたに告げる勇気のない人々である」

しかし、多少の備えがあれば避けられる対立もある。一〇〇パーセント好きにやっていいと言われたとしても、プロジェクトの進め方を事前に上司に話しておくことも、意見の不一致を避ける方法のひとつだ。たとえば、部門の統合、政府機関との交渉、外部コンサルタントの導入といった大胆な手を打つ前に、上司に相談しておくといい。そうすれば、正式な承認が出る前に動き出すことができる。しかし、あなたのやり方に上司が深刻な懸念を持っているなら、反対する機会になる。

では、意見が合わない場合はどうしたらいいだろう？　そのことを上司に切り出す前に、こう自問してみよう。それはどのくらい重要か？　あなたは議論に勝てそうか？　争わなければどうなるか？　それほど重要でない場合や、議論に勝つ見込みが薄い場合は、口を閉じて上司の意見に従おう。

自分の意見を通すと決めたら、それを問題解決に向けた提言にしなければならない。ここにいくつかの例を示そう。守るべき鉄則は、調査を行ない、協調的な雰囲気を壊さないことだ。すなわち、客観的な事実を用いて自分の主張を裏づけることである。また、意見の不一致はあなたと上司の間だけに留めておくこと。この機会を使って組織全体の目標を達成するための議論として上司に提示することが大切だ。

ここで、対立が起きやすい状況をおさらいし、前向きな対応の仕方を考えてみよう。

・プロジェクトを任されたが、達成に必要なリソースを与えられていない。そんな場合は、プロジェクトの各段階に必要な人員と予算を仔細に書き出してみよう。それから、プロジェクトの規模を縮小したり——重要性の低い部分を削るなど——人員を一時的にあなたの事業部に異動させたりするといった代替案を提示する。

・すでに大きなプロジェクトの負担があるときに、さらに大規模プロジェクトを任されてしまった。そんなときには、いまの仕事量を上司と見直し、プロジェクトの優先順位を上司に訊ねる。そうすれば、優先度の低いプロジェクトを遅らせるか、諦めるかを判断できる。

・あなたから見るとかならず失敗しそうな新製品またはサービスの開発を任されてしまった。そんな場合は、この製品またはサービスがライバルに劣ることや、顧客に受けないことを示す客観的なデータを提示する。可能なら、上司の案を手直しして、成功の可能性が高そうな代替案を提示する。

要は、上司に逆らいたいときには、相手に決定権があることをまず認め、あなたの懸念を裏づける証拠を詳しく示し、問題解決の代替案を提示することである。怒ったり、喧嘩を売るような態度をとってはいけないし、上司の知性や誠実さを攻撃すべきではない。あなたの立場を裏づける客観的な事実を示し、協力して落としどころを探すよう提案してみよう。

いやな上司とつき合う方法

上司と意見が食い違っても、強い信頼関係がある場合には、先ほどのやり方は非常に有効である。しかし、上司とのいさかいがもっと深刻で、ただの意見の相違というより、繰り返し衝突している場合はどうしたらいいだろう？　つまり、「いやな」上司にあたってしまったらどうするか？

こんなときは、問題解決に向けたあなたの努力がさらに大切になる。上司は歩み寄ってくれないからだ。ここで、いやな上司のタイプを挙げ、それぞれへの対処法を提案しよう。

マイクロマネジャー・タイプ

前章で述べたとおり、私はマイクロマネジメントに絶対反対だ。マイクロマネジャーは、部下のプロジェクトに口を出しすぎる。部下に判断させず、上司があらゆる決定を下し、すべての活動を支配するのだ。優秀な社員にとっては、これはとりわけ腹立たしく、面白い任務も退屈で面倒な仕事になってしまう。

上司がマイクロマネジャーだと思ったら、まずは、あなた自身の仕事ぶりが原因ではないことを確かめよう。手取り足取り指導しないと仕事ができない部下には、上司はいつも目を光らせていなければならないと感じる。それなら、小さな仕事から上司の信頼を取り戻すよう努力しよう。あまり重要でないプロジェクトがあれば、「今回は任せて下さい」と上司に頼み込んでみるのだ。もし任せてもらえたら、これまでにないほど力を注ぎ込み、期待を上回る成果を出すのである。

上司が部署全体をマイクロマネジメントしているのなら、あなたの仕事ぶりが原因でないと思っていい。その場合は、上司とひざを突き合わせ、監督が行き過ぎていることを話してみよう。もちろん、そんな話を切り出すのは並大抵のことではない。上司があなたの批判を攻撃と受け取ったり、あなたを「敵」と考えるかもしれないからだ。しかし、前章でも述べたように、多くのマイクロマネジャーは、自分がそうだと気づいていない。自分の行動が相手の邪魔になっていることがわからないのである。私の経験では、このタイプの上司はたいてい部下の建設的な批判にきちんと耳を傾けてくれる。

上司と話し合ったら、今度は上司の不安を和らげるよう努力する。マイクロマネジャーの多くは、部下の裁量に任せたら問題が起きるのではないかと、いつも不安なのである。だから、プロジェクトの進行中に頻繁に情報を共有することで、上司の不安を和らげるのだ。上司が状況を聞きに来る前に、こちらから伝えよう。状況報告と次の措置を毎日メールで報告するといい。そうすれば、すべてうまくいっていると上司を安心させることができる。

怠慢タイプ

それとは正反対の上司もいる。部下のプロジェクトに口を出しすぎるどころか、なんの指示も与えないのである。極端な場合、部下は上司に無視されていると思ってしまう。その結果、部下は上司の望むことをあてずっぽうに推し量るはめになる。

この問題を解決するには、はっきりと口に出して上司に注意を向けてもらわないといけない。任された仕事の目標が明確でないなら、ただちにその場ではっきりさせる。やらなければならないことがわかるまで、上司の部屋から出てはいけないし、電話を切ってはならない。

また、プロジェクトの期間中には、上司といつもより頻繁に連絡をとるべきである。たとえば、あなたが毎週月・水・金の午後四時に重要なメールを送ることを上司に知らせておけば、上司はその重要性を理解して、返信しようとするだろう。もしメールがだめなら、直接会って指示を仰ぐよう努力しよう。あなたがなにを必要としているか、上司がそれをどう助けられるかを具体的に示そう。それでも上司が振り向いてくれないようなら、あなたをなんらかの形で指導してくれる良き助言者を組織内で探そう。

いじめ屋タイプ

いやな上司のなかでも、怒りっぽくて部下をいびり倒すタイプは最悪である。部下を怒鳴りつけたり、バカにしたりするようなサディスティックな上司がいると、職場が畏縮する。どんなことがあろうとこうした振る舞いを許してはならない。しかし、人をいじめて喜ぶタイプの上司はどんな組織にもかならずいるものだ。

いじめ屋タイプの上司とつき合う方法はただひとつ。上司が怒り狂っても、自分が原因だと思わないことだ。上司の許されない行為は、あなたのせいではない。それは上司自身の問題であり、あなたにはどうすることもできないのである。

とはいっても、あなたの振る舞いが思いがけず上司の神経を逆なでして、部下いじめの引き金になることもある。そんな上司のもとで働き続けるなら、どんな振る舞いが引き金になるかを知っておいた方がいい。上司が激しく怒り始めるのは、あなたが五分遅刻したときか？　それとも机が少し散らかっているときか？　もしそうなら、上司の怒りを招く行動を避けるに越したことはない。

しかし、上司がなんでも部下のせいにして、プロジェクトに問題が発生するたびに怒りをぶつけてくるなら、このやり方では対処できない。問題の原因を説明して、今後の対応策を示すしかない。サディスティックな振る舞いを冗談ではねのけるのもひとつのやり方だ。コメディアンのビル・コスビーが言ったように、「冗談にできれば、生き延びられる」のである。しかし、そのようなことが繰り返されて冗談にもできなくなったら、率直に話し合うべきである。

もしかしたら、上司は自分の振る舞いがそれほどひどいことに気づいていないかもしれない。冷静に建設的な意見を述べれば、上司が我に返って行ないを改めてくれるかもしれない。だが、意地悪な上司の多くは確信犯だ。耐え切れないところまで追いつめ、反抗してきたら身をかわす。そんな上司のもとで成功するには、自分をしっかりと持つしかない。敬意ある対応を求め続けるのである。上司の意地悪な振る舞いが自分の仕事にどう影響しているかを具体的に示し、許されない行為を具体的に指摘すべきである。ただし、どんな場合でも、冷静に。怒鳴り合ってもいい結果にはならない。

最終手段

いやな上司とつき合う努力が失敗に終わったら、人事部にクレームを出した方がいいかもしれない。これは勇気のいることだ。だが、上司が本当にあなたの成果を妨げているのなら、その状況を改善することは組織にとっても望ましいのである。人事部に行く前に、あなたや、できればその他の社員に対する上司の不適切な行動を具体的に文書に残すこと。あなたが集めた証拠があるにもかかわらず会社が上司をそのままにしておくなら、異動を申し出るか、転職を考えた方がいい。

転職すると決めたら、ジェットブルーの客室乗務員だったスティーブン・スレイターの二の舞になってはいけない。二〇一〇年の八月、スレイターは暴挙に出た。飛行機がケネディ空港に着陸すると、機内放送で乗客に悪態をついたあと、ビールを片手に緊急避難用の滑り台をすべり降りたのだ。馬鹿げたことをしたい衝動に駆られる気持ちもわからないではない。しかし、これほどつながり合ったいまの社会で、会社を辞めるときには後足で砂をかけるようなことをすべきでない。以前の上司や同僚といつまた一緒に働くことになるかもしれないのだから。

平穏に転職するには、ある程度事前にその旨を告げなければならない。最低でも一カ月前には告知する。そうすれば、会社は引き継ぎを見つけるか、なんらかの備えをすることができる。この転職前の期間は、とりあえず出勤するだけではいけない。最後の日まで、全力で働き続けなければならない。とくに、自分から進んで引き継ぎの人を教育し、やりかけのことを最後まで終わらせ、辞めたあとも積極的に質問に答えるべきである。

いちばん難しいのは、上司に転職の理由を説明することだ。このときは、プライドを飲み込んで、新しいチャンスのために転職することを強調すべきである。ここで、いまの仕事をこきおろしてはならない（だが、人事部との退職会談の場では真実を述べていい。人事部が真実を知らないと、状況改善への手を打てないからだ）。

心に留めておくこと

①すべき仕事とそれぞれの優先度について、上司とあなたが同じ認識であることをきちんと確かめる。

②電話、メール、対面など、上司のコミュニケーションの方法に合わせる。

③上司のくせや嗜好をじっくりと観察する。自分の行動や習慣を上司のスタイルに合わせる。

④自分の成果をリストにして、自主的に上司に提出する。ボーナス時にはとくにそうする。

⑤問題が発生しそうなときには、上司にそれをきちんと知らせておく。上司は不意打ちを嫌う。もし事前にしっかり知らされていたら、問題を解決できるかもしれない。

⑥上司に忠実であること。上層部の前で上司をよく見せること。

⑦上司の知らないところで、頭越しに行動しない。

⑧異論があるときは、言い争う価値があるかよく考えてみる。自分の意見を通したいときは、詳細な調査に基づく対案を冷静に提案すること。

⑨上司があなたの生産性を著しく下げているなら、率直に話し合ってみる。それでもだめなら、会社に掛け合うか、異動を願い出る。

⑩転職するときは如才なく。一カ月前には告知すること。後足で砂をかけないこと。

part 5

実りある人生を送る

ここまでは、従来的な意味での生産性の向上——短い時間でより多くの仕事をすること——に役立つアイデアを提案してきた。パート5では、この生産性の概念を広げて、キャリアにおける長期的な目標の設定とその達成の方法を議論していく。

第十二章では、私が考える、もっとも実りあるキャリアプランニングの方法を紹介したい。キャリアとは、何年もかけて複数の段階を経る継続的なプロセスであって、一歩進むごとに次の段階への備えが蓄積されるものだと考えよう。

第十三章では、実りあるキャリアプランニングへの取り組みを通して、変化の激しい世界に対応する方法を紹介する。また、ここで経済の基本原則と個人の倫理観がキャリアを貫く核になることを示す。

第十四章では、なぜ生産性を上げる必要があるのかという基本に立ち返る。それは、私生活にもっと時間を使うためである。そこで、仕事で成果をあげながら、家庭でも上質の時間を過ごすためのアドバイスをしよう。

第十二章　一生を通してキャリアの選択肢を広げ続ける

学生や若いプロフェッショナルから、フィデリティの社長になるためにどうキャリアを計画したのかとよく聞かれる。答えは明快だ。「大それた計画はなかった。そのときにできることをやっただけ」である。成功しているエグゼクティブの大半はそう答えるはずである。

大学時代にもロースクール時代にも、自分が巨大な金融サービス企業の社長になろうとは思いもしなかった。当時は大学教授か政府の官僚になりたいと思っていた。実際、はじめは法学部で教職につき、証券取引委員会のスタッフとなり、その後法律事務所のパートナーになった。その一四年間に、私は自分自身を知り、また金融業界についても多くを学んだ。おかげで、自分は論文の執筆や規制の草案よりも、案件のとりまとめや人材のマネジメントが好きなことがわかった。

だから、一九八七年当時まだ比較的小さかったフィデリティの法律顧問の仕事に就いたのである。急速に拡大していた企業とこの業界の一員になれた私は幸運だった。その後のおよそ一〇年間に、私は新商品を開発し、新規市場への参入を助け、人材のマネジメントを学ぶことで、スキルを上げていった。そして、外部の圧力や、複雑にからみあった事情から、一九九七年に私がフィデリティの社長に選ばれたのである。

では、私の経歴がみなさんのキャリアプランニングのどんな参考になるだろう？ ひとつは、キャリアの展開は予想どおりにいかないということだ。自分にはいかんともしがたい要素が多すぎて、仕事の展望がどう開けるか予想できない。グローバルな経済状況、政治環境、業界規制、また企業の財務状況といった多くの要因に左右されるからだ。だから、自分がキャリアの計画を決められると思う方が間違っている。

とはいっても、正しい心構えでキャリアに取り組めば、成功の可能性は高まる。キャリアプランニングは、一度やれば終わりというものではない。人生の長きにわたって積極的に取り組むべき継続的なプロセスなのだ。それぞれの段階で、こう自問しなければならない。次になにをしたら将来の選択肢がいちばん広がるか、と。

はじめに――目下のキャリアの目標を定める

はじめの一歩は、いつか就きたい仕事をいくつかリストアップしてみることだ。それらがあなたのキャリアの目標である。賢くリストを作るには、次の三つの分野を客観的に評価してみるといい。あなたの興味、あなたのスキル、そして市場の需要である。

なにに興味があるか？

まずは、あなたがどんなタイプの仕事に魅かれるかを探し出す。さっそく、次の質問に答えてみよう。

- どんなトピック——たとえば政策、土木工学など——をいちばん面白いと感じ、興味を惹かれますか？
- 読み書きが好きですか？　それとも数字をいじる方が好きですか？
- プロジェクトの詳細に目を向けるのが好きですか？　それともおおまかなトレンドを分析する方が好きですか？
- 仲間と働きたいですか？　それともひとりがいいですか？

・自由にスケジュールを決めたいですか？　定時を守る方がいいですか？
・出張がある方がいいですか？　あまり家を離れたくないですか？
・あなたがいちばん大切だと思う、会社や仲間の価値観はなんですか？
・キャリアを通して実現したい社会的、または公共的な目的はありますか？
・個人の目標や価値観と比べて、給料はどのくらい重要ですか？

これらの質問への答えから、あなたが好みそうな仕事のおおまかなリストができるはずだ。まだキャリアの入り口にいる場合には、医者、歯医者、弁護士、コンサルタント、銀行家、エンジニアといった、わかりやすい仕事以外にも選択の幅を広げるべきである。地質学者、栄養士、広告マン、コモディティのトレーダーは？　理想の仕事をリストアップするときは、たとえば労働統計局でまとめているような職業リストを参考にしてみるといい。

すでに職業を選んでいるか、なんらかの仕事に就いている中堅どころなら、選択肢は狭まる。たとえば、社内での昇進や、他業種の仕事、または起業などである。しかし、その狭い範囲のなかで、魅力的だと思う仕事のリストを作ってみよう。深刻に仕事に悩み、一八〇度違う仕事をしてみたい人もいるだろう。そんな場合は、範囲を広げてみるべきだ。

次の作業は、リストにある仕事が実際にどんなものかを知ることである。それを知ることで、いくつかの仕事は削除でき、いちばん好きな仕事がはっきりするだろう。インターネットで検索したり、就職フェアに参加したりすることから情報収集を始めよう。これらの情報源から、その職業がだいたいどんなものかを知ることができる。できるだけ多くキャリアカウンセリングを受け、経済的な余裕があればプロのアドバイスを受けよう。優秀なキャリアカウンセラーは、あなたが思いもしない道を開いてくれることもある。

特定の仕事について、日々の業務を詳しく知りたい場合には、その仕事に就いている人たちに会ってみるといい。友人や知人に知り合いを紹介してもらったり、カウンセラーに企業での職業体験プログラムを手配してもらえないか訊ねてみよう。その仕事に就いている人に会えたら、次のような質問をしてみよう。

・普段の一日のスケジュールはどのようなものですか？

・この仕事のいちばん好きな点と嫌いな点を教えて下さい。
・この仕事はあなたの学習と成長に役立ちますか？
・この仕事に就いたきっかけはなんですか？
・今後五年から一〇年のうちにどんな仕事をしたいですか？
・初任給と平均給与を教えて下さい。

自分の適性と能力を見極める

やってみたいと思う仕事を並べた長いリストができたら、次にあなたが提供できるスキルはなにか――それがリストのなかの仕事に合うか――を考えてみよう。その際には、正式な資格や経験だけでなく、目に見えない人間的な能力、たとえば即断する力や、恵まれない人たちに共感する心なども考慮しよう。

資格要件が明らかな仕事もある。たとえば、弁護士になるには、認可を受けたロースクールを卒業し、司法試験に合格しなければならない。しかし、よく調べてみないとどんな資格が必要なのかわからない仕事もある。たとえば、理学療法士になるためにはどんな教育が必要なのか？　私は理学療法士の友人に電話して聞いてみた。六年間の大学教育と長期間の病院での実務研修が必要とのことだった。

こうした正式な資格以外に、個人のスキルが求められる仕事もある。非営利の慈善団体で働くには、資金調達のスキル、共感力、そしてたくさんの利害関係者——寄付者、スタッフ、地域社会——と折衝する忍耐力が必要だろう。ウォール街の債券トレーダーなら、大量の情報を素早く取り込み競合価格を瞬時に評価する判断力が求められる。

とくに若いころは、やりたい仕事に必要なスキルが自分にないことをなかなか認められないものだ。私は十代のころ、プロのバスケットボール選手になりたかった。運動場で午後中ネットに向かってジャンプシュートの練習を繰り返したものだった。だが、大学のスカウトからは一度も声がかからなかった。たいした才能もなく身長も六フィートしかないフォワードなどお呼びじゃなかったのである。もし私がバスケットボールを最優先して大学を選んでいたら、それこそ自分が見えていなかったということだ。

次に、あなたのスキルが望みの職業に必要な能力であることを確かめよう。どのスキルが本当に必要かを確かめるには、まず職業関連の一般的な情報源を探してみよう。しかし、繰り返しになるが、こうした情報源から得られるものは限られている。必要なスキルをきちんと理解するためには、その仕事に就いている人たちと話した方がいい。

需要を見極める

自分の興味とスキルを見直したら、次は、やりたい仕事に充分な需要があるかを見極めなければならない。残念ながら、市場の需要を考えずにあとで苦労する人もいる。ニューヨーク市で演劇を教えていたジョー・テレインの話をしよう。何年間か演劇を教えたあと、ジョーは大学院で操り人形の修士号をとろうと決めた。学費は三万五〇〇〇ドルだった。しかし、修士号をとっても、操り人形師の仕事はなかった。そこで、教職に戻った——が、今度は代用教員だったので、給料は以前の半分だった。

やりたい職業に求人があったとしても、供給が需要をはるかに上回る場合もある。たとえば、スポーツキャスターだ。ラジオ局もテレビ局もスポーツキャスターを採用しているが、限られた枠に口達者でスポーツ好きの若い男女が数えきれないほど応募する。その結果、ほとんどの人はこの仕事のスタートラインにつくことさえできない。

また、一時の需要だけを見て判断してはならない。業界がどこに向かっているかを見極めよう。拡大しているか、縮小しているか。簡単な例を挙げると、石炭火力発電所は長期衰退傾向にあるが、再生可能エネルギーは成長性が高い。

できるだけ選択肢を広げる――一歩ずつ進む

さて、目下のキャリアの目標を定めたら、次のステップに進んでいい。ここで一生分のキャリア展開を計画しようと考えてはいけない。まずは、次の仕事があなたを正しい方向に導くかと自問してみよう。つまり、次の仕事が未来の選択肢を広げるかどうかを考えるのである。

私は最近大学を出たばかりの若者を指導したが、彼は一生分のキャリアを一度に計画しようとしていた。人生の各段階でどの仕事に就くべきかと、毎週のように私の意見を求めた。私はいつもこう答えていた。「一度にすべてのキャリアパスを決めようとしなくていい。いまたしかなことに集中すべきだよ。君を正しい方向に導く次のステップはなにか、将来より多くの知識に基づいて仕事選びができる立場に君を置いてくれる場所はどこかを考えるべきだ」、と。

キャリアの各段階で選択肢を広げていくには、正式な学校教育と、仕事を通した現場学習の両方を継続しなければならない。どちらの場でも、将来さまざまな種類の仕事に応用できるような知識とスキルを身につけるべきである。

学校教育と現場学習の両方を経験する

正式な学校教育は、キャリアの選択肢を広げるための着実な方法だ。現実に、学校教育によって必要な資格が手に入ることも多い。たとえば、メディカルスクールに行かなければ、医師になれない。しかし、良質の教育にはただの資格以上の価値がある。その過程でお金に代えられない知識を得ることになるからだ。一年余分に教育を受ければ、生涯賃金は平均で八から九パーセント増加するという。

産業と政治の変化の速さを考えれば、いったん社会に出たあとも学校教育を続けるべきである。GEや世界銀行などの大組織には、ほかに類を見ない一流の研修のプログラムがある。夜間や週末のスクーリングで学位を取得するための費用を支払ってくれる組織もある。働きながらの学位取得は、数年間仕事を中断して大学院にフルタイムで戻るよりも費用対効果が高いはずだ。いずれにしろ、多くの職業では資格を保持するために継続的に教育を受ける必要がある。

どのような形の教育にしろ、幅広いキャリアにつながるような課目を選ぶべきである。たとえば、創造的文章術が知的な刺激になると思っても、学位をとるのは考えものだ。小説家は必要だが、それで食べていける人となるときわめて限られる。それから、あまり早いうちから専門を絞らない方がいい。たとえば、テキスタイルデザインはたしかに実践的かもしれないが、この勉強が役立つ仕事はそれほど多くない。

個人的な意見だが、はじめは「柔らかい」課目よりも「硬い」課目を学ぶ方が、キャリアの選択肢が広がるように思う。「硬い」課目というのは、正解と不正解がはっきりしているような、たとえば物理のようなどちらかというと厳密な学問のことだ。まず「硬い」課目を勉強することで、「柔らかい」課目を評価するのに必要な基本的なスキルが身につく。たとえば、統計的手法をしっかりと学んでおけば、公共政策の影響を分析するためのツールが身につくことになる。それに、「柔らかい」課目なら、独学できる。社会学分野の話題なら論文をいくつか読めばだいたい要点がつかめるが、神経生理学の基本を学ぶには、授業を受けるしかないだろう。

仕事から学ぶ

必要な学校教育を受けたら、または学校に行きながらでも、新しいスキルや専門的な知識が身につく仕事を選ぼう。経験的な学習はつけ足しではない。現場学習は、長い目で見れば四年間の大学教育に匹敵する価値があるといわれる。しかし、学校教育と同じように、そこでさまざまな分野に応用可能なスキルを身につけることが大切だ。

たとえば、航空機のリース案件をまとめる仕事に就けば、この分野の世界的な専門家になれるかもしれない。しかし、この分野は狭すぎてほかの仕事にそのスキルを役立てることは難しい。反対に、企業税務に関係する仕事に就けば、応用範囲の広い知識を身につけることができる。扱う業種が限られていても、税務問題を分析してこれまでにない解決策を考える練習にはなる。どんな企業も例外なく税金を減らしたいので、このスキルは将来どんな業種でも役立つだろう。

仕事を通した学習の重要な点は、自分自身を知り、将来の仕事の選択肢を知ることである。それぞれの仕事で、自分はなにが好きなのか、自分になにができるのかをより丹念に探してみるといい。さらに、自分が関わる相手方の仕事について——どんなスキルが必要なのか、将来どんな仕事につながるのか——を学ぶ努力もしてみよう。そうした情報をすべて集めることができれば、次になにをすべきかについてよりよい判断ができるはずだ。

次の仕事を選ぶ

次の仕事を決める際、将来広い範囲に応用できるスキルや専門性を身につけることを念頭に置くべきだ。次にいくつか例を挙げてみよう。

リーダーシップ・スキルを身につける

リーダーシップはどんな仕事にも応用でき、いつも必要とされるスキルである。したがって、他者を導くような仕事を選ぶといい。非常に有能な証券トレーダー、サラの例を考えてみよう。サラは昇進にあたって選択肢を与えられた。ひとつは、より報酬の高い新分野の証券トレーダーの仕事。もうひとつは、これまでと同じ報酬でほかのトレーダーをマネジメントする仕事。今後のキャリアに絶対欠かせないリーダーシップのスキルを得るためには、昇進とは思えなくてもマネジメントの仕事を選ぶべきである。

とはいえ、「管理職」の肩書きがなくても、リーダーシップのスキルを身につけることはできる。イスラエル国防軍（ＩＤＦ）は、若い兵士にほとんど指示を与えずに、強いストレスがかかるさまざまな状況に置いて訓練することで、士官を育てる。これは、困難な問題を解決するための創意工夫と判断力――市民生活でも軍隊生活でも、リーダーに求められるスキル――を養うすばらしい方法である。たとえば、あるチームは、ヘリコプターのパイロットの腰痛という軍医を悩ませていた問題を解決するよう命じられた。なんの指示も与えられなかったチームは、どのように腰痛を正確に測ったらいいかを考え、なぜヘリコプターの操縦が腰痛につながるのかを解明する必要があった。調査を終えたチームは、パイロットの座席の設計を変えることで、問題を解決した――上からの指示なしで。

困難な状況でのリーダーシップを養う仕事は、さらに上の立場への準備になる。しかし、この仕事でときに失敗しても身の破滅にならないようにしなくてはならない。たとえば、ＩＤＦは、若い士官が計算されたリスクをとっているかぎり、失敗に対しては寛容である。ローレン・ギャリー教授の言葉を借りると、「事前にしっかり計画された実験とギャンブルの違い」を区別することが大切なのである。「しっかりと計画された実験」に失敗しても、若い士官は上官に報告を行ない、次回はどうまくやるかを説明するだけだ。

外国文化を学ぶ

ますますフラット化してゆく世界で、海外での仕事経験はキャリアの選択肢を広げるいい方法だ。私は約二年間アフリカに住み、イギリス、日本、中国でも長い時間を過ごした。この経験を通して、経済的、文化的、政治的に異なる環境に対処することを学んだ。その経験が、のちに、世界各地での事業評価や事業の立ち上げに役立った。実際、多国籍企業では、海外経験が豊富でなければ、経営トップの候補として考えてもらえない。

海外勤務には不利な点もあるが、少し先手を打つことで、マイナス面は軽減できる。まず、海外支店の社員は、本社から忘れられることがある。そこで、海外勤務の前にできれば本社で時間を過ごし、相談相手、とくにメンターを確保し、組織運営がどう行なわれているかを学ぼう。次に、海外勤務のあとに、本社でいい仕事を見つけるのが難しいことも多い。本社にメンターを確保して、本社で起きていることを教えてもらっていれば、空席をタイミングよく見つけることができるだろう。最後に、海外勤務は同行する家族にとって大きな負担になることがある。子供が学童年齢にあるときはとりわけそうだ。その場合には、海外のいい私立学校に子供を通わせるための補助を求めよう。

人脈を広げる

スキルと知識を身につけることに加えて、仲間の輪を広げることが次のステップだ。というのも、「組織が人を雇うのではない。人が人を雇う」からである。業界の知り合いが増えれば、仕事に空きができたときにあなたを思い出してくれる人も増える。公募されない場合でも声をかけてくれるかもしれない。

仕事を変えなくても、ある程度は人脈を広げることはできる。機会があればカンファレンスや業界団体の会合に参加してみるといい。早めに会場に到着して、参加者と話したり名刺交換しよう。その後にきちんとメールでお礼をしたり、リンクトインで承認してもらうといい。そうしておけば、知識豊富な人々から業界の傾向を聞くことができる。

しかし、そのような単発的な人脈は、ともに働く仕事仲間の輪に比べればつながりが稀薄である。組織のなかで育まれた人間関係は気の置けないもので、そこから強い絆が生まれる。もしあなたが中堅なら、おそらく社内会議やクライアントとのミーティングを通して多くの仲間に出会っているはずである。出張で何日も同僚と過ごした経験もあるだろう。そうした折に仲間の人となりを知ったはずだ。そんな深い関わりのおかげで仕事が楽しくなるし、それが公募されない仕事を見つけることに役立つ場合もある。

次のキャリアを考える際に、どの仕事が人脈作りに役立つかを考えてみよう。社内の別部門の仕事を受けた方がいいか、それとも、さまざまな事業部の人が参加する事業部横断プロジェクトを率いた方がいいか？　もっと野心があるなら、新会社か新業界で働くことで人脈は広がるだろう。

目標を見直す

次の仕事をどう目指すかは、あなたがキャリアのどの位置にいるか——初期、中盤、終盤——によって変わってくる。

キャリアの初期

好きな仕事ができて、給料もよく、それに秀でていれば、それが理想である。自分が選んだ仕事で高給をもらえるなら、それに越したことはない。

だが現実には、キャリアのすべての段階で、高給をもらえる楽しい仕事に就けるわけではない。特定分野のあなたの専門知識が求められる仕事が常にあるとはかぎらない。好きな仕事があなたのキャリアにとって最良の選択でない場合もあるだろう。若いころは、ほかに仕事がなければ、嫌いな仕事でもやらざるを得ない。将来役立つスキル（や貯金）を得るために、気の進まない仕事に就くこともあるかもしれない。

たとえば、短期間だけ投資銀行のハードな仕事に就いて、業界知識を得たり、学生ローンを返済したり、起業資金を貯めたりする人もいる。また、若い医師なら、資格を得るために、過酷な勤務時間と研修のストレスに耐えなければならない。多くのハリウッドの有名人、たとえばアカデミー賞を受賞した『恋におちたシェイクスピア』の脚本家マーク・ノーマンは、はじめは映画会社のメール室に勤務して細々と生活をつないでいた。こうした人々は、現状の仕事を気に入っていなくても、将来もっといい仕事に就くために、我慢をいとわないのである。

毎年見直してみる

キャリアを確立したあとも、いまの仕事が自分にいちばん合っているかを定期的に見直してみるべきだ。私は、身体の定期検診と同じように、キャリアも定期検診してみることをお勧めする。毎年それを行なうべきだ。

なぜそれほど頻繁にする必要があるのだろう？　一年の間にはさまざまなことが起きるからだ。やりたいことが変わるかもしれない。いまの仕事のいい面と悪い面がもっとわかるかもしれない。あなたの体調、家族、財務状況に大きな変化があるかもしれない。

一年の間に外部環境が変わる場合もあるだろう。新しい上司や新しい同僚が来ることもあれば、会社がだれかに買収されることもある。市場の環境次第で、あなたの会社の商品やサービスへの需要が増えることもあれば減ることもあるだろう。

キャリアの目標を毎年見直す際には、次の項目を自問してみよう。

・仕事に求めることが、昨年中に大きく変わりましたか？　変わったとしたら、それはなぜですか？

・昨年はどのような外部の出来事が仕事に大きく影響しましたか？　それは、あなたの会社ですか、業界ですか、国ですか、それとも世界的な出来事ですか？

・それらの内外的な変化は、どのようにあなたのキャリアの長期目標に影響するでしょう？　その結果、あなたはどのように変わるでしょう？

・いまの仕事は次のステップへの準備になりますか？　将来応用できるどのようなスキルをいまの仕事で学んでいますか？　期待していた指導や機会を得られていますか？

・一年後、同じ場所にいたいですか？　三年後は？　一〇年後はどうですか？

これらの質問に答えれば、自分がいまの仕事に満足しているとわかるかもしれないし、少しなにかを変えれば満足できると感じるかもしれない。反対に、いまの仕事が自分に合っていないとわかる場合もあるだろう。そうだとしたら、望みの仕事に近づけるような次のステップを探してみるべきである。

引退に備える

ここまでは頂上にのぼるためのキャリアパスについて書いてきたが、気楽で刺激のある引退生活への移行も、決して楽ではない。

かつては引退というと、仕事から一〇〇パーセント退くことだった。昔はほとんどの人が一定の年齢までフルタイムで働き、その後引退していた。いまでは、引退への道は、長いプロセスである。全米退職者協会（ＡＡＲＰ）の調査によると、五〇歳から七〇歳までの六八パーセントは七〇代以降も働き続けるつもりだという。しかし、そういう人々も仕事の量は減らしたいと思っている。

引退の話題を講演で話すと、このトレンドがよくわかる。私はよく、「みなさんのなかで七二歳までフルタイムで働きたい方はいらっしゃいますか？」と聞く。手を上げるのはひとりかふたり――よほどの仕事中毒――だけだ。だが、七二歳までパートタイムで働きたい人がいるかどうかを聞いてみると、ほとんどの人が手を上げる。みんな、職場とのつながりを保ちたいのである。

この傾向、いわゆる「段階的な引退」は、寿命が延びて貯蓄が足りないことも原因のひとつである。しかし、多くのプロフェッショナルが、働き続けたいと願っていることもまた事実だ。段階的引退者へのアンケートでは、六六歳以上の七〇パーセントが「頭を動かしていたい」と答え、仕事を続ける理由として「なにかを生み出して人の役に立ちたいから」と述べている。こうした人たちには、ゴルフをもう一ラウンドするよりも、仕事の方がはるかに刺激的なのだ。

段階的な引退に備えるためには、引退前の一〇年間に新しい役割に挑戦したり人間関係を築いたりする必要がある。まだバリバリの現役時代に、自分が力になれる組織はないかと周りを見回してみることも必要だ。地域の指導者の組織に参加して地元のティーンエイジャーに専門知識を教えてもいいし、学校で授業を受け持ってもいい。あなたの蓄積した知恵が役立つような地元企業を探してみてもいい。

私自身も六五歳でMFSの会長から降りたとき、どうしたものかと悩んだ。そこで引退前からビジネススクールで教鞭をとり、別の会社の取締役になり、チェスのレッスンを受けた。金融関係の論文や本の執筆も始めた。個人の生産性についての本を書こうなどと大それたことを考えたのだ！　そうやって、充実した引退のための選択肢を広げてきたのである。

友人の多くは、もっとのんびりと引退に備えている。医者の友達はアマチュア劇作家として才能を伸ばそうとしている。引退したら、ゴルフをしていないときに、新しい舞台劇を創作したいらしい。勤務日数を減らして、地元のオペラ団の理事会に参加した友人もいる。彼は会社勤めの最後の数年間にしっかりと準備を整え、引退したときにはオペラ団の理事長になった。

心に留めておくこと

① ひとつのキャリア展開だけを想定しない。キャリアを一連の段階だと考えよう——それぞれの段階で知識とスキルを身につけるのである。

② 就職や転職を考えるときには、自分の性格、スキル、好みを分析する。自分にとってなにが大切かを率直に見つめることが大切だ。

③ さまざまな方法で望みの仕事を調査する。その分野の人に会ったり、カンファレンスに出席したり、関連資料を読んだりしよう。

④ ひとつの仕事や業界だけに狙いを定める前に、市場の需要を注意深く見極める。その職業にもっと多くの人材が必要だろうか？

⑤ キャリアの各段階で、次の段階への選択肢をできるだけ広げるよう努力する。

⑥ 早い時期に専門を絞りすぎない。ほかのキャリアにも応用可能なスキルを学べる仕事を選ぼう。

⑦ リーダーシップを学べる仕事、異なる種類の組織運営を学べる仕事、海外ビジネスを経験できる仕事を選ぶ。

⑧ 最終的なキャリアの目標に到達するために、途中で気に入らない仕事も受け入れる。

⑨ キャリアの見直しを毎年行なう。これによって、転身するか、いまの仕事に留まるかのタイミングを見計らうことができる。

⑩ 活動的な引退生活を送るためには、現役時代に地域組織に関わり、新しい活動を試し

てみる。

第十三章　変化を受け入れ、基本を守る

ほとんどの人は変化より安定を好む。しかし、変化は経済の必然であり、例外ではない。私の段階的なキャリアプランニングの手法は、経済環境の大きな変化に対応するものだ。変化する世界において、実のある職業選択を行なうには、キャリアの各段階で変化を受け入れ、変化が生み出すチャンスを利用することが必要になる。

しかしまた、産業界にはいつまでも変わらない側面がある。たとえば、損益の基本原則や、正直さや誠実さの倫理的な価値である。成功するためには、この普遍的な側面を認め、それに従って行動しなければならない。

安定を求める

職場の変化を恐れる人は多いが、それはもっともだ。変化のたびに、社員は貴重な時間と労力を費やして新しい同僚に会い、新しい手続きを学び、新しいスキルを身につける必要に迫られる。また、馴染みのないことに挑戦しなければならなくなる。大幅な組織変更があれば、社員は不安になる。新しい上司とうまくやっていけるだろうか？　新しい組織は自分の仕事ぶりを評価してくれるだろうか？

ときには、産業全体が現状維持に汲々とすることもある。一九八二年に、アメリカ映画協会（ＭＰＡＡ）は、革新的なテクノロジーである家庭用ビデオから業界を守ろうと、議会にロビー活動を行なった。家庭での録画の増加によってテレビ視聴率が大幅に下がると恐れたからだ。ＭＰＡＡの会長だったジャック・バレンティは、こう大げさに抗議してみせた。「アメリカの映画製作者とアメリカ市民にとってのビデオとは、自宅に独りでいる女性にとってのボストン絞殺魔のようなものだ」

ＭＰＡＡのロビー活動は失敗し、ビデオはアメリカ家庭の必需品となった。しかし、ビデオは映画業界を破壊するどころか、巨大な新市場を生み出すことになった。今日、映画業界は、興行収入よりもＤＶＤ――ビデオの後継品――の販売から多くの収益を上げている。

なぜ私たちは変化を恐れるのか

ほとんどの人が安定を好むのは、変化のもたらすマイナスの影響を恐れ、プラスの面を見ないからである。この傾向は人類の起源にさかのぼるともいわれる。私たちの先祖である狩猟‐採集民族にとって、環境の変化はだいたい次のふたつにひとつを意味していた。ひとつは、少し得をする、たとえば果実がたくさん実る木を見つけるといったこと。もうひとつは、捕食者に襲われて破滅の危機に瀕すること。その結果、我々の先祖は大きな変化を非常に警戒するようになったのだ。自然淘汰の過程で、この本能が脳内に固定され、変化の利点を受け入れるよりもそれがもたらす危険を恐れるようになったのだろう。

持続的な変化

先天的な安定志向にもかかわらず、職場はいくつかのレベルで頻繁に変化している。個人レベルでは、転職者の数がこれまでになく増えている。労働統計局が行なったアメリカ人労働者の調査では、対象となった個人は一八歳から四四歳の間に平均で一一の仕事に就いていることがわかった。つまり、一三カ月ごとに転職していることになる。教育レベルの低い労働者や若者ほど頻繁ではないが、高学歴の人たちや年配の労働者もしばしば仕事を変えていた。

組織レベルでは、経営者や戦略が絶えず変わり続けている。したがって、長年同じ会社で働き続けても、上司がころころ変わることになる。世界最大規模の二五〇〇社では、過去一〇年間に平均でおよそ七年に一度ＣＥＯが変わっている。その結果、上から下までの社員すべてが、頻繁に大がかりな組織改革や戦略変更に合わせなければならない。

長い目で見れば、あなたの組織の状況が変わらないわけがない。《フォーチュン》誌が発表するアメリカでもっとも大きな企業五〇社のリストを考えてみるといい。一九七〇年に発表された五〇社のうち、二〇一一年のリストに残っていたのはボーイングやＩＢＭといった伝統的企業を含む一三社だけである。それ以外は、ランクが下がったり、潰れたり、買収されたりしている。そうした組織の社員は計り知れない影響を受けたはずだ。

外部の変化を認識する

グローバル経済のレベルでは、短期的な危機によってキャリアの先行きが暗くなったり、足を引っ張られたりする可能性も高い。たとえば、二〇〇八年の金融危機は、評論家が言うような「一〇〇年に一度の大洪水」などではない。二〇〇八年のサブプライム問題が最近の金融危機のなかでもっとも深刻な打撃を与えたことは否定しないが、一九八六年以来危機は五回も起きている。一九八七年の株式暴落。一九九〇年から九一年にかけての不動産不況。一九九七年から九八年にかけてのアジア危機。二〇〇〇年から二〇〇一年にかけてのインターネットバブルの崩壊。そして二〇一一年から二〇一二年にかけてのユーロ通貨危機である。そうした危機のたびに、多くの企業が破綻し、社員のキャリアが破壊された。

このような個別の危機が経済環境を短期的に破壊している一方で、キャリアの機会を生み出す長期的な傾向もある。もっとも有望な長期トレンドのひとつはテクノロジーの革新だ。コンピュータの処理能力の爆発的な拡大を考えてみるといい。一九八六年から二〇〇七年の間に、一般的なコンピュータの処理能力は年率五八パーセントも拡大した。つまりコンピュータの能力は一九八六年から二〇〇七年の間に九〇〇〇倍になったのである。この指数関数的な能力拡大はビジネスのあり方を根底から変え、経済全体を再構築した。

しかし、テクノロジーの革新は、いわゆる「ハイテク」業界だけに影響を与えるのではない。たとえば、一九五〇年には国民の一二パーセントは農民で、ひとりあたりおよそ一五人を養うだけの農作物を生産していた。テクノロジーが発達したいまでは、農業に従事するのは国民の二パーセントにすぎないが、ひとりあたり一五五人分の食糧を生産している。この劇的な変化の影響を受けるのは農業だけではない。おかげで食べ物が安くなり、労働力が解放されてほかの仕事へと向かったのである。

人口動態もまた、経済の変化を促す大きな要因である。たとえば、日本経済が縮小しているおもな原因は高齢化にある——出生率が低く、寿命は長く、移民に対する規制が厳しいからだ。一九五〇年に四・九パーセントだった六五歳以上の高齢者の割合は、二〇一〇年には二三・一パーセントにまで増加した。二〇五〇年には日本国民の一〇人に四人が六五歳を超えると予想されている。この人口動態の変化は、消費需要の伸び悩みと退職金投資額の増加につながるはずだ。

反対に、中国の人口動態は経済成長の大きなプラス要因だった。この一〇年間、中国の人口の大部分を労働年齢層が占めていた。しかし潮目が変わり始めている。退職者に対する労働人口の割合は急激に減少しつつある。二〇五〇年までに、退職者は人口の三分の一に達すると予想される。ひとりっ子政策と高齢化がこの変化の背景にある。その結果、中国では今後労働者数が減り、退職制度を是正する必要に迫られるだろう。

変化を受け入れる

私が勧める段階的なキャリアプランニングは、まさにこのような流動的な環境において最適である。これほど変化の激しい世界で、ひとつのキャリアパスに賭けるのは賢いことではない。会社が倒産したらどうするのだろう？　新しいテクノロジーによってあなたの特殊技能が時代遅れになってしまったら？　キャリアの各段階で選択肢を広げることで、目の前のどんな変化にもうまく対応する備えができるのである。

しかしながら、受け身の対応に満足してはいけない。変化が生むチャンスを利用する準備をした方がいい。つまり、本物のトレンドを発見してそれに乗る一方で、一過性の流行やバブルや実体のない夢にははまらないことだ。

次のキャリアステップ

次のキャリアステップを考える際には、長期トレンドをしっかりと見据えるべきだ。人口動態の変化から恩恵を受ける仕事がいいだろうか？　先端のテクノロジーに追いつくためにもっと訓練を受けるべきだろうか？

人口動態の変化を味方にする方法はいくつもある。たとえば、経済全体が拡大している国で働くこともできるし、そうした国向けの輸出企業で働いてみるのもいい。人口が減少傾向にあるロシアは先行きが暗いが、人口が増加するブラジルの未来は明るい。どこの国でも、もっとも人口の多い層に訴える商品や業種に関わる仕事を選んでもいい。たとえば、日本では、増え続ける六五歳以上の層に対応する退職者コミュニティー向けのサービスが今後求められるだろう。

また、テクノロジーのトレンドは常におさえておく必要がある。キャリアの目標を立てる際も、テクノロジーの影響を考慮しなければならない。たとえば、伝統的な報道の仕事は今後逆風に直面するだろう。インターネットの台頭で、大手報道機関はこれまでと同じやり方では経営が難しくなっているからだ。反対に、コンピュータ処理能力のさらなる拡大で、近い将来プログラマやソフトウェアのエンジニアの需要は増え続けるだろう。

私がとくに推したいのは、バイオエンジニアリングのような、ふたつの専門分野を組み合わせた仕事である。専門横断的な分野には、ブレイクスルーにつながるすばらしい機会がある。たとえば、マイクロチップを組み込んで医師に情報伝達を行なう埋め込み医療機器などだ。しかし、専門分野の頑固ななわばり意識を克服するには相当の努力が要る。アメリカでいまもっとも有名なバイオエンジニアであるロバート・ランガーは、ＭＩＴでエンジニアリングの博士号を取得したあと、その専門技術をヒューマンバイオロジーに応用する仕事に就きたかったが、はじめはエンジニアリング分野にしか仕事がなかった。幸運にも、のちに変わり者の医学研究者が彼を雇ってくれた。

今の仕事を続けながら社内で将来伸びる見込みの高い仕事を探すこともできる。成長著しい事業部の責任者になったり、ソーシャルメディアを使った広告部門の長になったりすることだ。大切なのは、いちばんに名乗りをあげることである。社内のだれよりも先に新しい事業機会を見つければ、そのプロジェクトを任される可能性も高くなる。

たとえば、私がフィデリティの社長だったころ、有能なファンドマネジャーが運用する大規模な小型株ファンドがあった。より細分化されたファンドへの需要の高まりに対応するため、あるアナリストが小型株のなかで運用スタイルに分けた商品の導入を提案した。それが、「小型バリュー株ファンド」や「小型成長株ファンド」といった商品である。そのアイデアを提案したアナリストは、当然それらの商品の運用者のひとりとなった。

ずっとやり続けるとはかぎらない仕事でも、たいていの場合は恐れず挑戦してみた方がいい。カーリー・フィオリーナは大学で中世史を学び、ロースクールを中退してマーケティングに転向し、最後にヒューレット・パッカードのCEOになった。シティグループの再建を担ってきたヴィクラム・パンディットCEOは、はじめに電気工学の仕事に就き、その後金融業界に移った。リチャード・ブランソンはジャーナリストになりたくて雑誌を創刊したが、経営の面白さに目覚めてヴァージン・グループの各社を起業した（ヴァージン航空、ヴァージン・レコード、ヴァージン・ファイナンスなど）。こうしたリーダーたちは、若いころのキャリア選択を失敗とは思っていないはずだ。私自身、経営と金融が自分の好きな仕事であることに結局は気づいたが、それでもロースクールに行き法律家になった経験をつゆほども後悔していない。

新しい仕事や新しいプロジェクトに挑戦すれば、自分に合っていないことにすぐ気づくかもしれない。そんな場合には、素早く方向を転換し、損失を最小限に留め、その失敗からできるだけ多くを学べばいい。成功した人の多くは、失敗からもっとも多くを学んだという。だがそのためには、なぜ失敗したかを率直によく考える必要がある。能力が足りなかったのか？　それとも専門知識がなかったからか？　期待は現実的だったのか？　それとも予測もつかない不運に見舞われたのか？　これらをしっかりと自問して、変えるべき点を変え、キャリアの次の段階に備えよう。ＵＣＬＡの伝説のフットボールコーチだったジョン・ウッデンが言うように、「失敗は身を滅ぼさない。自分を変えないことは身の破滅につながる」のである。

未来に向けた戦略作り

新しい戦略を立てるときには、未来を見通すことはだれにもできないことを肝に銘じておかねばならない。どんな未来予測も過去のデータに基づいている。しかし、過去をどう見るかは非常に主観的なものだ。哲学者で作家のナシム・タレブが言うように、我々はみな、過去の出来事から偶然の要素を除き、都合よく話を組み立てて、頭のなかで「筋道立った幻想」を作っている。都合よく組み立てた過去の物語をもとに未来を予想するため、自分が知っていることを過度に強調し、偶然に起きる不測の出来事を考慮に入れない。

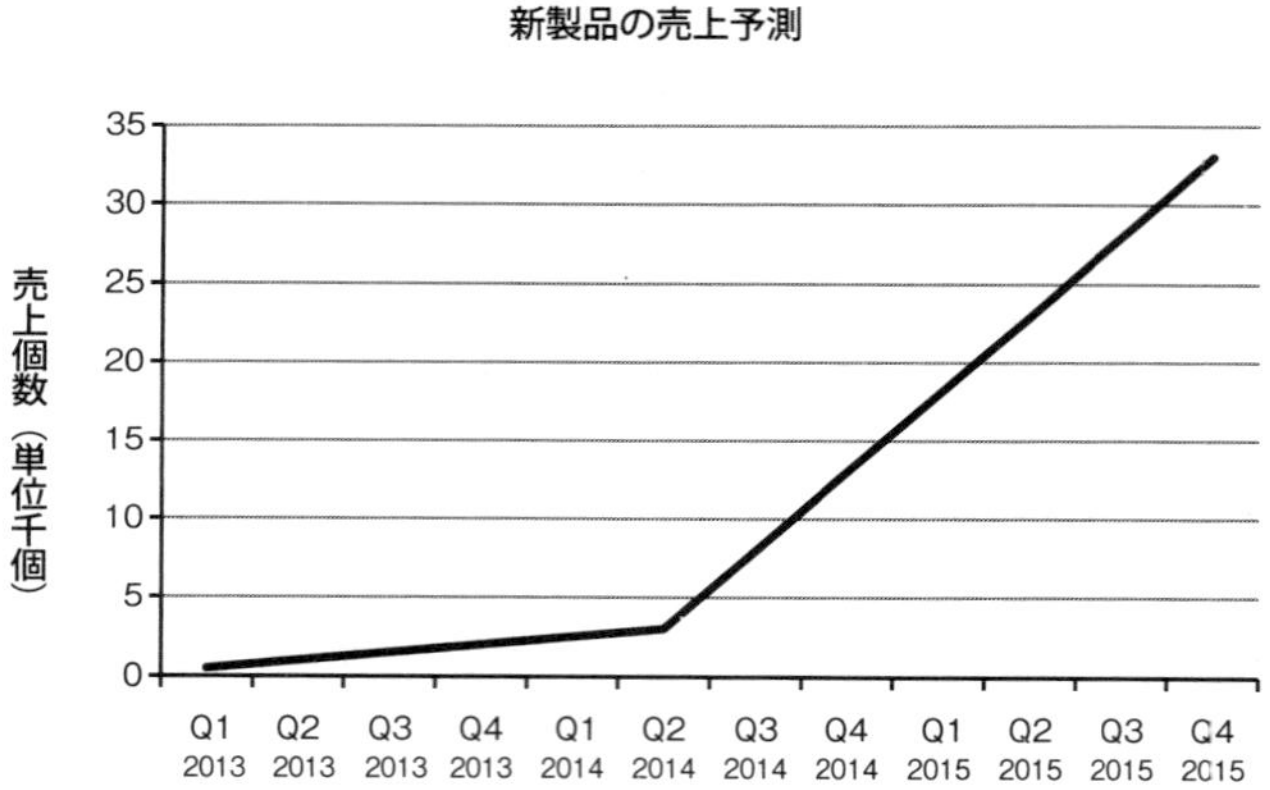

図2　ホッケースティック型グラフ

多くの人は、この幻想の罠にはまり、疑問を持たずに過去のトレンドから未来を予測する。私もしょっちゅう、成功を収めている商品やビジネスが同じペースで拡大し続けることを予測した、「ホッケースティック」型のグラフを見せられる（図2を参照）。その予測は過去の成功の記録をそのまま未来に伸ばしたものだ――しかも、成長率は過去と同じかそれより高くなっている。その結果、小さな事業が魔法のように一大事業になることが予測されるのだ。

しかし、ホッケースティック型の予測には、将来かならず起きる重大な変化が考慮されていない。たいていの場合、小規模事業が成功すると、規模の拡大とともに成長率が下がる。商品需要が伸び悩むこともあれば、強力なライバルが参入することもある。規模の経済のメリットを享受できたとしても、いつかかならず頭打ちになる。ある時点で規模の大きさが逆に足かせとなることもある。

また、複雑な数量モデルを額面どおり受け取ってはいけない——高度な計算を行なっているように見えても、それを支える前提が間違っていれば元も子もないのだ。二〇〇三年から二〇〇六年当時の不動産担保証券（ＭＢＳ）の裏づけとなったモデルを考えてみるといい。信用力の不確かな新規の住宅ローンが組み入れられていたにもかかわらず、過去一〇年間の住宅ローンの貸し倒れ率をそのまま使っていたモデルもあった。清算リスクをまったく考慮しないモデルもあった——借り換えができなければどうなるかを考えていなかったのだ。この不動産担保証券のモデルは、みなさんもよくご存じのように、二〇〇八年に見事に崩壊したのである。

したがって、事業予測や数量モデルを作る場合や見直す場合には、その事業のなかで、またはより広い世界のなかでどんな変化があるかに目を向けなければならない。少なくとも、逆風になりそうなことをいくつか挙げて、それが起きたらどうなるかをモデルに組み入れてみるべきだ。だが、それでも充分ではない。予想もしない事態がかならず訪れるからだ。ドナルド・ラムズフェルド元国防長官の言葉を借りると、「不測中の不測の事態」が起きるのである。

不測中の不測の事態を発見するには、問題になりそうなことが洗いざらい表に出るような試験的なプロジェクトを行なってみるといい。フィデリティでは、昔は過去のデータに基づいてリターンを予測し、ファンドの立ち上げを検討していた。しかし、これが机上の空論で現実に起きうることを正確に予測するものではないことがすぐに明らかになった。そこで、我々は若いアナリストに試験的ファンドを運用させ始めた。この試験的ファンドを通して、実際に起きうる問題の多くが明らかになった。取引コストや清算リスクはもちろんのこと、投資目標の正しい射程範囲についても問題が表に出た。

この世界に「ノーマル」はない

数量モデルのもうひとつの問題は、それらが暗に正規分布を前提としていることだ。釣鐘型の正規分布は、たいていの出来事が分布の中央付近で起きることを前提とし、不測の事態（たとえば、住宅価格の全国的な下落）が起きる確率は非常に低いことになっている。しかし、多くの経済的政治的な現象は、正規分布の予測よりも分散されている。たとえば、もしダウ・ジョーンズ工業株価平均（ＤＪＩＡ）が正規分布内で変動していたら、一九一六年から二〇〇三年の間に四・五パーセント以上変動するのはわずか六日だけだったはずである。実際には、この期間に四・五パーセント以上変動したのは三六六回にものぼった。

過去のデータに基づく前提を組み入れた数量モデルに惑わされてはいけない。新製品を開発する場合やリスクを管理する場合には、その前提に影響を与える変化をよく見てみるといい。そして、正規分布に基づくモデルを盲目的に信じてはいけない。現実はたいていアブノーマルで、分布曲線の両端は「分厚い」テールになっている。

変わらない原則

急速な変化に対応することは必要だが、わけあって何世紀も変わらずに残ってきた原理原則もある。私はそのなかのふたつに注目したい。経済の基本原則と人間としての誠実さである。どのようなキャリアパスを歩む場合も、このふたつの原則に従うべきである。

経済の基本原則

企業が存続するためには、売上と利益が必要になる。また、株価はその企業に期待される将来の利益を反映するものである。しかし、新しいビジネスモデルが台頭するたびに、この単純で明白な基本原則がないがしろにされてしまうようだ。

一九九〇年代には、革新的なアイデアはあっても利益のないインターネット企業に多くの投資家が惑わされた。急速に売上を伸ばしていたドットコム企業の株価は、今日のソーシャルメディア企業のように、考えられないほど高い評価を受けていた。しかし、売上は、利益の「可能性」でしかない。売上が費用を上回らないかぎり、利益は出ないのだ。

ペットフードのネット通販会社、ペット・ドットコムの経営幹部たちがフィデリティのアナリストにプレゼンテーションしたときのことは、いまも忘れられない。経営幹部は、注文あたりの売上が平均三〇ドルに達したと鼻高々に語っていた。送料無料であることを知っていたアナリストが、重たいペットフードの配送費を聞いてみた。すると、注文あたり三二ドルだという。そんなでたらめなビジネスモデルだったので、当然ながらこの会社は二〇〇〇年の終わりを待たずに破綻した。

健全な基盤のない会社が人々の想像力を刺激して、短期的に株価が吊り上がることがある。こうした企業の株は、勢いがあるので短期的なリターンは大きいが、すぐに下落することはわかりきっている。このような「モメンタム」株は、長い目で見ると継続的な利益力のあるバリュー株ほど値上がりしない。

言い換えると、化けの皮は数年もすると剝がれるということだ。だから、流行につられてはいけない。企業が成功するためには、売上成長ではなく、安定的な利益を反映した経済価値を長期的に生み出し続ける必要がある。

人としての誠実さ

経済の基本原則と同じく、人としての誠実さもまた、あなたのキャリアのなかの不動の道しるべでなければならない。誠実であることとは、仕事関連の法律を順守するだけでなく、自分の倫理的な規範に従って仕事をすることでもある。私の規範は、関係者すべてに正直であること、社員を公平に扱うこと、企業情報を濫用しないことである。

あなたの倫理的な強みと、改善点を考えてみよう。請求時間を水増しするために、仕事を引き延ばすことはないだろうか？　立て替え費用を少し水増しして請求していないか？売り込みのために真実をごまかしていないだろうか？

たいていの人は自分を倫理的だと思っているが、規範を実際に書きとめている人は少ない。会社が作った社訓やコンプライアンスマニュアルだけに頼ってはいけない。プロフェッショナルとしての振る舞いの指針になるような原則を三つか四つ選び、書きとめてみよう。その原則をなぜ大切だと思うのかを考えてみよう。そして、その原則に従えない状況を想像し、その場合にどう対処するかを考えてみよう。

あなた自身の倫理規範に基づいて、誠実な人間としての評判を築くことに常に努めよう。

よい評判はさまざまな形であなたのキャリアを助けることになる。企業はあなたを喜んで採用したくなるし、昇進させたくなるはずだ。同僚は自分の悩みや問題を正直に打ち明けたくなるだろう。顧客はあなたやあなたの会社を快く受け入れてくれるだろう。しかし、あなたが倫理から逸脱すれば、同僚も上司も顧客も離れていくだろう。

倫理観を実験する

人は信頼を裏切られると、自分が損をしても仕返しをすることが実験でも繰り返し証明されている。ふたりの人間がお金を分け合う、「最後通告ゲーム」という有名な実験がある。被験者をアレンとベスと呼ぶことにしよう。ゲームのはじめに実験者がアレンに一〇ドルを渡す。アレンはベスにいくら分けるかを決め、「その金額を受け取るか、まったくなにも受け取らないか」を相手に決めさせる。ベスは受け取ってもいいし、拒否してもいい。アレンが自分に七ドルを残してベスに三ドルを分けることに決めたとしよう。ベスが了承すれば、そのとおりに分配される。ベスが拒否すれば、ふたりともなにももらえない。

伝統的な経済学の理論でいけば、アレンが一セントでもベスに提示すれば、ベスはそれを受け取るべきだということになる。一セントでもゼロよりはましだからだ。だが実際は、分配金が二ドル五〇セントに満たないと、たいがい拒否される。被験者は、相手が公平さを欠いたとき、分配金を捨てても相手に仕返しをしたいと考えるからだ。
大金が賭かった実験でも結果は同じだった。メルボルン大学のリサ・キャメロン教授は、インドネシアの貧しい村で同じ実験を行なった。ここで分け合う金額は、被験者にとって年収にも匹敵する大金だった。それでも、被験者たちは公平さを非常に重んじた。「不公平な」分配額を提示した相手への仕返しのために、自分の月給にも値する金額を拒否した人もいた。

長い年月をかけて誠実な人という評判を築いても、それが失なわれるのは一瞬だ。「評判を築くには二〇年かかるが、失なうのは五分とかからない」と言ったウォーレン・バフェットの言葉は、まさに真実である。心理学者のジョン・スコウロンスキとドナル・カールストンは、人がだれかを誠実だと思うときには、相手の行動をくまなく観察しておしなべてこの人なら誠実だろうと思うわけではないと言う。むしろ、人は、マイナスの行動を重く見るのである。ほんのたまに嘘をついただけでも、「嘘つき」だと思われる。だが「正直」だと思われるには、いついかなるときにも真実を話さなければならない。

イーベイの取引でも、これが証明されている。売り手がはじめて悪い評価を受けると——それ以前に何百人もの買い手がよい評価をしていたとしても——その売り手の週間の売上成長は平均で一三パーセントも下がる。

それと同じように、たった一度の思慮を欠く行動が組織に大きな損害を与えることもある。たとえあなたが下っ端だったとしてもだ。カリフォルニアのある怠慢なフェデックスの配達員の話をご存じだろうか？　二〇一一年の一二月、フェデックスの配達員がコンピュータのモニターを受取人の家の塀にむとんちゃくに放り投げて壊してしまった場面を自宅の監視カメラが捉えていた。家の所有者はこのビデオをユーチューブに投稿した。二週間もしないうちに、このビデオは八〇〇万回も視聴され、フェデックスのブランドを著しく傷つけた。

もちろん、あなたが仕事のうえで多少悪さをしても、それがユーチューブで拡散されることはないだろう。しかし、相手をごまかして取引をまとめたり、便宜をはかったりすれば、自分の会社に多大な損害を与えることになりかねない。会社が訴訟リスクを負う可能性もあるし、重要な顧客を失なうかもしれない。

だから、仕事で倫理の問題に直面したら、一線を越えてはならないし、そこに近づくこともやめた方がいい。一生かけて誠実であり続けるには、目先の利益を犠牲にする覚悟がいる。まさに、短期的な利益を進んで手放すことが、あなたの倫理観の証になる。自分の行動が適切かどうかに迷ったら、「《ニューヨーク・タイムズ》テスト」をやってみるといい。その行動が《ニューヨーク・タイムズ》の一面に出ても差し支えないかどうかを自問してみよう。

心に留めておくこと

① 自分の安定志向を自覚する。そのうえで、新たな選択肢の利点を評価する。

② 自分の立場や上司が頻繁に変わることを覚悟する。一生同じ仕事を続けることは、例外であって当たり前ではない。

③ テクノロジーと人口動態のトレンドを観察し、市場全体が拡大している場所に身を置く。

④ 過去の事実を単純に引用して未来を予測しない。新たな問題や挑戦がかならず持ち上がる。

⑤ 複雑な数量モデルの背後にある前提を疑う。モデルが機能するかどうかは前提次第である。

⑥ 新しい事業機会を探す。プロジェクトのアイデアを思いつけば、それを任される可能性は高い。

⑦ 流行やバブルに惑わされない。最終的には利益創出の基本原則がもっとも重要である。

⑧ 人としての誠実さを守る。倫理を脇において短期的な利益を得ても、長期的にはあなたの評判が汚される。

第十四章　家庭と仕事を両立させる

本書の終わりに、もう一度生産性向上の目的について語ろうと思う。この本を読む理由はなんだろう？　短時間で多くを成し遂げることがなぜ大切なのか？　それは、キャリアを充実させたいからだけではなく、人生を楽しみたいからだ。仕事が早く片づけば、家族や友人とより多くの時間を過ごすことができるし、あなたが大切だと思うことにも時間を割ける。

私が子供だった一九五〇年代には、仕事と家庭の役割分担が決まっていた。男性は働いて家族を養い、女性は子供の世話と家事にいそしむものとされていた。今日、職場の男女比率はほぼ半々になったが、伝統的な男女の役割分担はいまもある程度残っている。家事を行なう男性が増えたとはいえ、女性は常に子供と夫と仕事の間で身を削っている。さらに、独りで生活を支えながら子供を育てていかなければならない片親家庭も急激に増えてきた。
また、通信の発達によって、自宅にいながら職場とつながりを保つことも可能になった。これにはいい面と悪い面がある。仕事の場所に柔軟性ができたことで、現実的な家庭の問題、たとえば病児の保育などは楽になる。しかし一方で、家族の前で常にメールをチェックしなければならなかったり、電話をかけたりしなければならないことに嫌気がさすこともあるだろう。

週に五時間の自由時間ができたら、なにに使いますか?

あなたがどのような活動を大切だと感じているかを知るために、以下の項目をチェックしてみよう。ここでは、一四項目の活動を四つのカテゴリーに分けている。仕事、家族、地域社会、自分である。まずはじめに、それぞれの活動に毎週何時間使っているかを考えてみよう。

仕事

職場での仕事……………………………（　）時間
自宅での仕事……………………………（　）時間

通勤……………………（　　）時間

家族

子供や孫と過ごす……（　　）時間

伴侶や大切な人と過ごす……（　　）時間

両親の世話をする……（　　）時間

料理や家事をする……（　　）時間

地域社会

学校やその他の子供関係の行事に参加する……（　　）時間

慈善活動や市民、政治活動に参加する……（　　）時間

祭事や宗教的な行事に参加する……（　　）時間

自分

スポーツやエクササイズをする……（　　）時間

友達や親戚とつき合う……（　　）時間

趣味や私的な活動を通して楽しむ……（　　）時間

寝る……………………………………（　　）時間

合計＝一六八時間

さて、突然、毎週五時間の自由時間が与えられたとします。どの活動に何時間ほど使いたいか考えてみましょう。

この質問にどう答えるかで、あなたのことがかなりわかる。五時間の大半を子供のために使うと答えたとしよう。すると、あなたはもっと仕事をするより、その時間で子供と過ごすことにより大きな価値があると考えているということだ。自分のためにその時間を使うと答えたとしよう。ならば、これまで仕事と子供に手いっぱいで自分のための時間がないと感じているのかもしれない。

反対に、その時間を仕事に使うと答えれば、あなたは家庭生活におおむね満足していて、もっと仕事に打ち込みたいと思っているのだろう。仕事にその時間を使うと答える人がいないわけではないが、ほとんどのプロフェッショナルは――子供がいない場合でも――仕事以外のことに使いたいと答える。ある調査では、子供のいない女性プロフェッショナルの六八パーセントがお金よりも時間が欲しいと答えていて、その割合は子供のいる女性プロフェッショナルとほぼ同じだった。

仕事から私的な活動に重心を移す際、考えるべきことがふたつある。会社が柔軟な働き方をどう見るか、そして、あなた自身がどんな働き方を選ぶかである。

柔軟な会社を探すか、その環境を自分で作る

ここまで繰り返してきたように、私は常に時間より結果を強調してきた。上司だったころは、優秀なアナリストがいい投資アイデアを出しているかぎり、夕方五時から夜中まで働くことに異論はなかった。

私が特別なのではない。勤務時間をある程度自由に社員に選ばせる企業は多い。二〇一二年の全国雇用者調査によると、雇用者の八割近くが、一定の時間帯のなかで始業と終業時間を定期的に変えることを社員の一部に許している。とりわけ、ハイテク企業や顧客サービス企業の多くは自宅勤務を許可している。

人生の一時期には、出産や子供の病気などで、柔軟な勤務時間が必要になることがある。幸運にも、アメリカ企業の半数は、女性社員に有給の出産休暇を与えている。また、そのうちのほぼ半数の企業が、病児保育のために数日間の有給休暇を与えている。

仕事に就く前に、その会社の有給休暇やフレックスタイムの制度を調べてみるといい。

いまの職場が融通のきかない会社でも――転職したくなければ――ワークライフバランスの制度を変えるよう会社に呼びかけてみることはできる。

まず、人事部の上の人たちに働きかけてみるといい。あなたの問題意識に共感してくれるかもしれない。二〇〇名の人事部管理職へのアンケートでは、管理職の三分の二が、フレックスタイムなどの家族支援制度が社員の採用と維持にもっとも大切な要因だと答えた。社員も同意見である。あるアンケートによると、社員の大半が、企業のワークライフバランス制度が就職の決め手だと述べていた。

フレックスタイムのすすめ

入社後の柔軟な勤務時間と勤務場所の制度は、離職関連の費用の削減につながる。デトロイト商工会議所が二〇〇〇年にさまざまなフレックスタイムの選択制を導入したところ、スタッフの定着率が七五パーセントから九〇パーセントに上がった。また、多くの経済学者が、有給の出産休暇は、出産後の社員の復職率を大幅に上げることを証明している。

また柔軟な働き方を許すことで、欠勤も減る。一九八〇年代にアメリカ西部の公益企業が研究者との共同実験を行ない、この仮説を裏づけている。この会社は、ある部署だけに一時的にフレックスタイムを取り入れた（この部署の社員は好きな時間に勤務していいことになった）が、似たようなほかの部署では、勤務時間を固定したままだった。その翌年、フレックスタイムを取り入れた部署では欠勤が二割も減ったが、ほかの部署の欠勤率はいままでと変わらなかった。

働き方を変える

職場の柔軟性を上げるために強く働きかけるのはいいが、企業に制度を強制することはできない。したがって、自分にできる手段を使って、できるかぎりあなたの目標を達成しよう。

夕食に間に合うよう帰宅する

まだ子供たちが家にいるとき、私は毎晩七時までに帰宅して夕食をとるようできるかぎり努力した。夕食を食べながら、いつも家族でその日の出来事を話し、ときには時事問題を語り合った。子供たちが幼いころは、寝るまで一緒に遊んでいた。ティーンエイジャーになると、一緒にテレビを見たり、宿題を手伝ったりした。また妻ともおしゃべりをしたものだ。

残念ながら、毎日八時九時、一〇時まで働いている人は多く、毎週末かならず職場に行く人も少なくない。いつも仕事が山積みで、普通の仕事時間中には絶対に終わりそうもないと言う。しかし、本当の緊急事態でたまに帰宅が遅れるのは仕方ないが、それが毎日になってはいけない。週末も赤ちゃんが昼寝をしたりティーンエイジャーが寝坊している間に、数時間なら自宅で仕事をすることはできるはずだ。

とはいえ、コンサルティングや投資銀行など、週のうち六日や七日も毎晩遅くまで働くのが当たり前とされている仕事もある。また、さまざまな理由から、常に緊急事態モードで社員が机についていなければならないような雰囲気の組織もある。そんな大変な仕事だから面白いという場合もあれば、それが将来の選択肢を大きく広げる場合もある。だが、家族や友人とつながりを築きたければ、そんな仕事は数年でやめた方がいいだろう。

家族との時間を断固確保する

バランスのとれた働き方を確保するには、はっきりとした態度でノーと言えるようにならなければいけない。SECのスタッフ時代、当時話題になっていた不動産担保証券についての特別調査プロジェクトを率いるよう頼まれた。プロジェクトには心魅かれたが、夜七時から九時まで週三回のミーティングに参加しなければならなかったので、はじめはこの仕事を断った。家族との夕食のために帰宅しなければならないので断ると言うと、上司はショックで黙りこんだ。しかし、数日間そのまま態度を変えずにスケジュールを調整したところ、私たちはミーティング時間を五時から六時半までに変更することができた。その後、特別調査プロジェクトはなんの支障もなく完了し、通常の勤務時間内に日常業務もこなすことができた。

ゴールドマン・サックスの元CEOでその後財務長官に就任したハンク・ポールソンは、若いころ、自分の長時間労働が家族に大変な悪影響を及ぼし始めたときのことについて書いていた。ポールソンは上司に正直に悩みを打ち明け、上司はそれを聞き入れて、子供が寝る前に帰宅して本を読んであげられるようにポールソンのスケジュールを調整した。彼の妻はポールソンの読み聞かせが早口すぎると文句をつけたが、子供たちはすぐに父親流の読み聞かせを喜ぶようになったという。

ポールソンは、その後ゴールドマン・サックスのCEOになったとき、部下に夜間や週末の長時間労働を強いることがわかっていても、締切を守ることを要求したと認めている。しかし、要求が厳しすぎると部下が批判すると、ポールソンは、必要なものを勝ち取り柔軟なスケジュールを要求するのは部下自身の責任だと言った。「人生を決めるのは上司ではない。君たちは、仕事のスケジュール管理やキャリアプランニングにものすごく時間を使っているじゃないか。私生活でも同じくらい努力する必要がある。『ノー』と言えるようにならなければいけない」

組織の文化や上司の人柄によっては、ノーとは言いにくいかもしれない。だが、このことは覚えておいてほしい。もしあなたが仕事ができて信頼に足る人間なら（第十一章「上司をマネジメントする」を参照）、勤務体系が自由でもあなたがきっちりと仕事をこなせることを、上司はわかっている。私が子供たちの部活の試合を見るために水曜の午後は早退させてほしいとはじめて頼んだとき、上司が快く思わないのではないかと心配し、埋め合わせに早く出社させて下さいと申し出た。だが意外にも、上司は会社がどれほど私を大切にしているかを示すいい機会だと思い、喜んで私に合わせてくれた。私自身が上司になったあともずっと水曜に早退していたので、部下たちも私を見習って子供の競技会や学芸会やバイオリンの発表会などに出席するようになった。

子育て担当を決めるか、できれば助っ人を雇う

夕方以降に家族と充実した時間を過ごせるよう毎日のスケジュールを調整できたとしても、昼間に仕事をしっかりこなしながら同時に子育てのための充分な時間を確保するのは難しい。したがって、子供を育てながらプロフェッショナルとして成功するには次のふたつのうちひとつが必要になる。主に子育てを中心にしてくれる配偶者の存在か、外部の子

育て支援である。

子育てを主に担当する配偶者が、必ずしも専業主婦（主夫）である必要はない。多くの主婦や主夫は充実したパートタイムの仕事を持っている。子供たちがまだ学校に通っていたころ、妻のリズは心理セラピストとして開業していたため、自分で時間を調整できた。仕事以外でも、妻は油絵の才能を発揮していた。それでも、子供と過ごす時間は私よりはるかに長かった。

ハンク・ポールソンと私は、幸運にも子育てを生活の中心に置いてくれる、才能と情熱に満ちた妻に恵まれたが、この役割を必ずしも女性が担う必要はない。妻がプレッシャーの大きな仕事に就き、夫が子育ての中心となるカップルが増えたのは、喜ばしいことだ。

私が思うに、夫婦のどちらが家庭に残るかは、性別による役割分担とは無関係である。少し考えてみてほしい。国勢調査局の調べでは、同性婚カップルも異性婚夫婦と同じように両親のどちらかが家庭に残っている。同性婚カップルの場合、性別による役割分担で子育ての責任者を決めるのでないことは明らかだ。彼ら（彼女ら）は、どちらかが家庭に残った方が家族のためになることに、ふたりとも賛成しているのだ。こうしたカップルは、妻のリズと同じ気持ちなのである。つまり、「成功するエグゼクティブにはみな妻が必要だ――男性であれ、女性であれ」。

とはいえ、この考え方がすべての人に当てはまるわけではないことはもちろんだ。配偶者のどちらも仕事時間を削れない場合や配偶者がいない場合には、経済的に可能なかぎり外部の手を借りるべきである。金銭に余裕のある人なら、昼間にベビーシッターを雇うことも部分的な解決策になるだろう。両親やほかの親族家族が近くに住んでいるなら、手を借りることもできるだろう。近隣の保育園に入園してもいい。

共働き両親のためにとくに役立ちそうなアドバイスをここに書いておこう。

・職場で支援のネットワークを作り、通院や学芸会などの用事の際にはお互いに助け合う。

・同世代の子供を持つ子育て仲間を作る（職場、学校、その他の場所）。このつながりが、情報収集や子供の遊び相手、また緊急時の子守りなどに大いに役立つ。

・緊急時に備えて、定期的に友人や家族に子供の送迎を頼む。

・もし経済的に余裕があれば、毎週または二週間に一度ハウスクリーニングを雇う。

・帰宅途中にある健康的なテイクアウトのレストランを見つける。そうすれば、料理や片づけの手間なく、家族と食事を楽しむことができる。

・料理をするときは、多めに作って残りを冷凍しておく。緊急の仕事で遅くなるときには、それを温めればいい。

家庭と仕事を切り離す——とくに気持ちのうえで

家に帰りついたら、家族に気持ちを集中させるべきである。家庭は、私が第三章で勧めた「ながら仕事」の場ではない。まずなによりも、電話やメールといった職場からの割り込みを避けよう。どうしても電話かメールをする必要があれば、家のドアを開ける前に片づけること。配偶者や家族といるときに、絶えず仕事の連絡が割り込んでくると、当然に家族のイライラが募ることになる。

通信技術が発達し、どこにいても連絡がとれるようになったのはいいことだ。携帯電話でいつでも部下がつかまると思えば、上司も部下の早退に応じやすくなる。また、ブロードバンド技術のおかげで自宅勤務の道も開かれ、若い親たちにはこれが大きな助けにもなるだろう。だが、携帯電話とメールは、大きなストレスの種にもなる。いつでも連絡をとれるのが当たり前だと思い込み、プライベートな時間が侵害されるからだ。

職場からのひっきりなしの電話に邪魔されず家族との時間を過ごすにはどうしたらいい

のだろう? ここでもやはり大切なのは、断固とした態度で境界線を引くことである。帰宅後は上司からの電話以外には出ないと心に決める人は多いし、それは結構なことだ。この境界線を守るには、上司からの電話だけ別の着信音にして、それ以外の場合には電話を見ることもしなければいい。

しかし、上司からの電話にさえも出ない方がいいときもある。たとえば家族との食事中だ。そんなときには、少しばかり技がいる。もしできるなら、上司にそうした「プライベートな」時間帯をあらかじめ伝えておき、その時間帯には電話をしないようお願いするのである。それでも上司が何度も電話をかけてくるようなら、私が第十一章の「上司をマネジメントする」でお勧めしたように、率直に話し合ってみた方がいい。

また、待ちに待った休暇がやってきたら、休暇を尊重してもらうよう上司に頼んでみよう。幸運にもアシスタントがいれば、休暇中の連絡をブロックしてもらってもいい。本当に重要なことだけを(たとえば、工場が火事になったとか!)教えてもらえばいい。

緊急事態はそれほど多くない

健全な家庭生活を守るには、一線を引くことが絶対に必要だ。ペンシルバニア州立大学のグレン・クレイナー教授は、研究者のチームを組んで、米国聖公会の教区神父たちがどのように家庭と仕事の一線を引いているかを調査した。多くのプロフェッショナルと同じく、神父たちも、いつでも話を聞いてもらえるものだという人々の期待に応えなければならない。いついかなるときも、悩みを抱えた教区民の相談に乗ることを神父は期待されている。だが、たいていの神父たちはこの期待について、断固とした態度で臨んでいたことがわかった。ある神父はこう言っていた。「木曜は神聖な日です……あなたが大型トラックに轢かれたのでなければ、私に連絡しても無駄です。救急救命室に向かっているのなら、電話してくれれば伺いますが、会報になにを載せたらいいかを相談するだけなら電話しないで下さい」

あなたは、連絡事の多くを「大型トラックに轢かれた」のと同じくらい緊急の用件だと思っているかもしれない。たしかに、なかには重要な用件もあるはずだ。たとえば医師がしょっちゅう夜中に呼び出されるのもそのためだ。しかし、翌朝まで待っても差し支えない問題も多いのである。

クレイナーが調査した神父のひとりは、ある晩教区民が助けを求めてやってきたときにどう対応したかを教えてくれた。「いつからこの問題を抱えていたんですか？ああ、二〇年も酒浸りだったんですね。それじゃあ、明日の朝お話ししてはいかがでしょう？」。それと同じように、一見危機と思われる事態に出会ったら、一歩引いて全体像を眺めてみるといい。その仕事は、あなたがいまここで子供との会話をやめ、対処し始める必要が本当にあるのか？　たいていの場合、答えはノーである。

割り込みを避けることは、より大きな問題への取り組みにつながる。それは、自分自身の気持ちを切り替えることだ。家に帰れば、「仕事の帽子」を脱いで「家庭の帽子」をかぶらなければならない。これは簡単なことではない。会社を出てから家に着くまでの間に、周囲との関係性ががらりと変わるのである。職場で求められることが、家庭にはそぐわないこともある。ある管理職は、「帰宅して家族と関わるときに、管理者としての断固とした指導的な態度から思いやりのある協力的な態度に切り替えるのに苦労する。プロとして優秀であることが、逆に家で大問題を引き起こす」と言っていた。

これは、社会学の分野で詳しい研究が行なわれてきた題材である。社会学者たちは、人々が一日の間に役割をどう変えているか――たとえば母親から保険代理人、趣味のテニス選手、そしてまた母親に戻るという具合に――を観察してきた。アリゾナ州立大学の研究者たちは、さまざまな通過儀礼、たとえば毎朝の習慣や夕方の通勤などを通して人々が役割を切り替えていることを発見した。こうした決まった習慣がない場合は、役割を切り替えるのが非常に難しいという。

仕事を自宅に持ち帰ってもなかなか終わらない理由はここにある。職場に仕事を置いてくれば、気持ちがスムーズに切り替わる。職場を物理的に離れることで、無意識に気持ちが変化するのである。しかし、現実にはほとんどの人が仕事を家に持ち帰っている——少なくとも管理職の二割はいつもなんらかの仕事を家に持ち帰る。仕事をどうしても持ち帰らなくてはならない場合は、頭のなかのスペースを仕事用に切り離そう。この頭のなかのスペースとは、時間を空けることや物理的な場所を確保すること、そして気持ちの切り替えなどを指す。

また、どんなことがあっても家族と過ごす時間を毎日確保しよう。多くのプロフェッショナルには、子供が寝る前の時間がちょうどいい。子供が寝たあとに仕事をしなければならない場合には、そのための物理的なスペース、たとえば書斎にそっと移ろう。書斎といっても大げさなものでなくていい。寝室の机でいいのである。大切なのは、それが家族との共有スペース、たとえば台所のテーブルなどではなく、仕事のためのスペースであることだ。この仕事のスペースを離れれば、気持ちが無意識に家族モードに切り替わることが大切なのである。

自宅で仕事をするときに、そのための時間と場所を確保することが必要なように、気持ちのうえでも家庭と仕事を切り分けることが必要である。カナダ人研究者のキラン・マーチャンダニは、自宅勤務中心の女性プロフェッショナルの習慣を観察した。マーチャンダニは、女性たちがお金のための仕事と家族のための仕事をきちんと区別していたことに気づいた。洗濯や庭の水まきといった家事は、それ自体が大変な「仕事」のように見えるが、女性たちはこうした家事を、「休憩」だと思っていた。気持ちのなかで、仕事と家庭の境界線をきっちりと引いていたのである。

要するに、仕事のことを考えながらでは、家族に集中できないということだ。だから、帰宅して開口一番に、職場で起きたことを愚痴ってはいけない。気持ちが仕事モードのままになるからだ。配偶者や子供にその日の出来事を聞いてみよう。心から耳を傾け、相手の気持ちになってそれに応え、子供たちに質問してみよう。その後には、配偶者と親密なおしゃべりをする静かな時間を持とう。どのように仕事モードを切り替えて家族に一〇〇パーセントの注意を向けるかは、あなた次第だ。

心に留めておくこと

① 勤務時間や勤務場所を柔軟に考えてくれる会社、また出産やその他の重要時に有給休暇を与えてくれる会社を探す。

②あなたが組織制度に影響を与える立場にいるならば、社員の定着率と生産性向上のためにフレックスタイムの導入に努める。

③家族や友人と一緒に夕食をとったり、一緒に過ごしたりできる時間に帰宅するよう毎日心がける。

④断固とした態度で柔軟な働き方を確保する。子供を医者に連れていくために一時間だけ職場を抜けても、かならず仕事をやり遂げると上司に約束しよう。

⑤あなたが忙しいエグゼクティブなら、喜んで子供と一緒にいてくれる配偶者は大きな助けになる。

⑥あなたもあなたの配偶者も仕事時間を減らせない場合は、日中にベビーシッターを雇うか、保育園を利用する。

⑦忙しいカップルは、緊急時に手を貸してくれる仲間を職場や近隣に見つける。

⑧ 家族と一緒にいるときは、緊急の用件でないかぎり連絡を受けない。仕事の用事のほとんどは翌朝まで待っても差し支えない。

⑨ 上司からの電話は別の着信音にして、大切な家族の時間には電話をしないように頼む。

⑩ 仕事を家に持ち帰る場合は、そのための時間と場所を確保する。仕事モードから家族モードへと気持ちを切り替える必要がある。

あとがき

本書の執筆を通して、プロフェッショナルは職種や職階にかかわらず、働いた時間より生み出した結果に目を向けるべきだという思いをますます強くした。それこそが、仕事でより多くの成果をあげながら、同時に友人や家族と楽しい時間を過ごすための最良の方法だと思う。とはいえ、生産性を上げるための方法は、人それぞれの状況に左右されることも間違いない。本書のアドバイスを実践する際に、あなたが人生のどの段階にいるのか、また組織の文化がどのようなものかをじっくり考えてみるべきだ。

家庭と仕事の両立に対する考え方も、人生のどの段階にいるかによって大きく変わる。ニューヨークの投資銀行で働く大学を出たばかりの独身者なら、毎晩夕食に間に合うように帰宅することなど考えなくていい。何日も、または何週間も昼夜を問わず働き続けることもあるだろう。

しかし、結婚して子供ができれば、家庭生活にもっと時間と注意が必要になる。人生のこの段階では、毎晩夕食に間に合うよう帰宅すべきだろう。私が述べた子育て支援や柔軟な働き方が、もっと大切になるはずだ。子供が学校に行き始めたら子育てにかかる時間は減るが、それでも野球の試合やピアノの発表会に行けるような柔軟性は必要だろう。

私自身も、このワークライフバランスの変化を経験してきた。法学部で教え始めたときには妻も子供もいなかったので、ほぼすべての時間を仕事に費やしていた。なにがなんでも成功しようと必死だったのだ。まだ働き始めのころ、学長に金融機関関連のゼミのかわりに一年生の授業を受け持ってほしいと頼まれた。財産権や不法行為は私の専門の経済分野に関わることなので、ぜひやらせてほしいと答えた。しかし、契約法については、ロースクールで後半の授業を取り損ねたのだと学長に打ち明けた。学長が求めていたのは？一年生向けの契約法だ。学長に気に入られたかったので、私はやりましょうと答えた。私は、より刺激的な直近の金融問題についての論文を脇に置き、その夏必死に契約法の基礎を頭に叩き込んだ。

それとは反対に、二〇〇四年にMFSの会長になったときは、既婚者で子供も成人し、自分のスケジュールをかなり自由に決められる立場だった。はじめはMFSに不利な規制の波を食い止めるために長時間働いたが、二〇〇七年末までには公共政策により多くの時間を使いたくなった。MFSの寛大さのおかげで、私はSECの諮問委員会の委員長になり、金融問題に関する二冊の本を執筆することができた。この時代に、さまざまな友人ができ、テニスのダブルスもこなし、慈善活動にも励んだ。年を追うごとに、夏に妻と別荘で過ごす時間も増えていった。

また、成功するためには、あなたの組織に特有の、労働時間と達成結果のトレードオフを敏感に感じ取らなければならない。業績数字さえよければ、達成方法はまったく気にしない組織もある。結果よりも勤務時間に重きを置く企業、とりわけ社内のコンセンサス作りに時間を割くことに価値を置く企業もある。

私はどちらのタイプの組織でも働いた経験がある。フィデリティは、目に見える結果を重視する志向が非常に強かった。そんな環境なら、私が本書で述べたことを一〇〇パーセント活用して生産性を上げることができるだろう。つまり、雑事を手っ取り早く片づけたり、ミーティングを回避したりできるのである。だが、それが行き過ぎてしまうこともある。たとえば、同じプロジェクトを社内のふたりのエグゼクティブに、お互いに知らせないまま任せていたCEOもいる。ふたりはそれと知らずに結果を争っていたのである。

反対に、マサチューセッツ州の経済長官だったころは、予算や活動を短期間で大幅に変えることは不可能だった。この環境で成功するには、地域団体、労働組合、事業会社といったさまざまな関係者たちとの話し合いに長い時間をかける必要があった。そうした難しい環境にあっても、私は効率のよい時間の使い方を心がけ、変革への支援を育むために特定の仕事はスタッフに任せることにした。

ワークライフバランスや結果と時間のトレードオフに対する考え方は人それぞれに大きく違うため、組織としてこの問題にどのような立場で臨んでいるか——柔軟に対応してくれるのか——が明確でない場合も多い。上司と部下が率直に本音で話し合わないことで、お互い悪気はなくても誤解が生まれてしまうことは驚くほど多い。その結果、勤務時間に対する会社の考え方を社員が誤解していたり、柔軟な勤務体制を活用できなかったりすることも少なくない。

たとえば、子供の学芸会に行かずに遅くまで職場に居残る社員も多い。彼らは上司が早退を許さないと思い込んでいるのである。しかし、多くの場合、上司は喜んで部下の都合に合わせるだろう。信じられないかもしれないが、たいていの上司は、子供と過ごしたい気持ちや配偶者とロマンチックな夕食を楽しみたい部下の望みを理解している。

だから、恐れずに上司や同僚に質問したり懸念を口にしたりしていいのだ。あなたが必要なことや望んでいることを口に出さなければ、上司はそれに応えようがない。もちろん、身構えたり、怒り出したりする上司もいるだろう。だが、あなたが礼儀正しく具体的な理由を挙げて、前向きな解決策を提案すれば、上司や会社は、より生産性の高い働き方とより充実した私生活の助けになってくれるかもしれない。

しかし、組織の制約がどうであれ、生産性の向上を心がけ行動を起こすかどうかは、あなた次第である。目標を書き出し、時間軸に分け、優先順位をつけてみよう。そうすれば、最優先の目標に大半の時間を使い、それほど大切でないことに使う時間を減らすことができるはずだ。

本書で述べた具体的なテクニックのほとんどは、どんな組織文化のもとでも応用できる。たとえば、どんな組織にいても、重要なメールには即座に返事を出し、会議の前に議題を送っておくことはできる。段落の一文目だけを読むことや、文章を書く前にアウトラインを作ることも可能だ。そして、選択肢をできるかぎり広げるようにキャリアを計画し、変化の激しい世界を味方につけることもできる。つまるところ、仕事時間を減らしながら多くの結果を出せるかどうかは、あなた次第なのだ。

付録1　大胆な提言――プロの取締役会のすすめ

世界最大級の金融機関を破綻から救済するため二〇〇八年に巨額の政府資金が注入されたとき、多くの人々は取締役会の監視不足を責めた。

この問題は、企業統治の大失敗（そう、あのエンロン事件である）をきっかけに、サーバンス‐オクスレー法（ＳＯＸ法）が成立した一〇年前に解決されたはずだった。この新法には効果があると思われていた。取締役会の過半数を社外役員にするよう義務づけることで、理論的には株主への保護が強まるはずだった。経営陣は毎年社外監査役の評価を受け、社外監査役は半官半民の審査会によって監視されるしくみになっていた。

しかし、近年の金融危機によって、この新法では不十分であることが明らかになった。主要金融機関のほとんどは、二〇〇八年の時点でＳＯＸ法を順守していた。破綻した銀行では取締役の八割が社外役員であり、監査、報酬、指名委員会の全員が社外取締役だった。

すべての銀行が毎年内部統制の監査を受け、社外監査役による二〇〇七年の報告書は内部統制に重大な欠陥がないことを述べていた。それでも破綻を止めることはできなかったのである。

SOX法改革はなぜこれほど効き目がなかったのだろう? それは、新法が内部統制に新たな法的義務の層を重ねただけで、取締役会に携わる人材の質の向上や、取締役会全体の行動改革につながらなかったからだと私は思う。

私自身、二社のグローバルな金融サービス企業で社長と会長を務め、数社の事業会社の社外取締役にもなり、また学者として企業統治を長年研究してきた。キャリアを通して、企業の取締役会に内在するいくつかの慢性的な欠陥を目にしてきた。それらの問題は、法的手続きの層を重ねることでは解決できない。企業は、従来とは根本的に異なる統治の文化を受け入れる必要がある。それは、プロの取締役がその役割を本職として捉える統治文化である。本提言では、プロが運営する取締役会の三つの要素――規模、経験、注ぎ込む時間――について議論する。また、そうしたプロの取締役会の実現への障害についても論じる。

A 取締役の人数を減らす

二〇〇八年に破綻した金融機関の多くは、取締役の人数が非常に多く、その大半は社外取締役だった。たとえば、シティグループの一八名の取締役のうち一六名は社外取締役だった。金融業界では、こうした大人数の取締役会がめずらしくない。事業会社の取締役の人数はそれより少なく、人事コンサルタント会社のスペンサースチュアートによると、S&P五〇〇社の二〇〇九年の平均取締役数は一一人である。

とはいっても、適切な意思決定には一一人でも多すぎる。そんなに大人数では、参加者がいわゆる「手抜き」感覚になってもおかしくない。集団の行動に対して個人が責任を負わなくなり、人任せになってしまうのだ。また大人数の集団では、取締役会に必要なコンセンサスを得るのも難しい。人数が多ければ多いほど、なかなか合意に達することができず、大胆な決断を下すことが難しくなる。

集団心理の研究によると、六人から七人の集団が意思決定にもっとも適しているという。その程度の人数なら集団行動に対して全員が個人的な責任を感じるうえ、比較的短時間でコンセンサスを得ることもできる。こうした小人数の利点は、ゼネラリストを加えた大人数の取締役会がもたらしうる恩恵に勝るものである。

六人の社外取締役がいれば、監査、報酬、指名の三つの重要委員会を構成するには充分である。三人の取締役が各委員会の委員長となり、残りの三人がそれぞれふたつの委員になればいいのである。

B　専門家をそろえる

シティグループの取締役会には、さまざまな分野の有名人が名を連ねていた。化学会社の有名経営者、通信大手企業の会長、一流大学教授などである。しかし、二〇〇八年はじめの時点では、金融サービス企業で働いた経験のある社外取締役はたったひとりだけだった。そのひとりも、娯楽系の大企業のCEOを長らく務めていた。もちろん、どんな取締役会にも戦略を俯瞰できるゼネラリストと監査委員会を取り仕切る監査の専門家が必要である。しかし、その他のメンバーはその会社の事業に詳しい専門家でなければならない。

取締役の専門知識の欠如は慢性的な問題だ。大企業の取締役のほとんどは、事業をきちんと理解していない。今日の企業は広範に事業を拡げ、世界各地でグローバルパートナーと手を組み、複雑な政治経済環境のなかで経営されている。小売業など、比較的わかりやすい事業もあるが、それ以外の産業、たとえば航空機製造、医薬品開発、金融サービス、通信などを細かな点まで理解するのは並大抵のことではない。あるとき、テクノロジー企業の社外取締役を長年務めていた友人と久しぶりに話をする機会があった。その会社のCEOが突然辞任したため、私の友人がピンチヒッターを頼まれたという。「その会社のことを知り尽くしているつもりだったが、いやはや大間違いだった」と彼は私に話してくれた。「社外取締役と経営陣の知識ギャップは非常に大きい」と彼は言う。

ギャップを埋めるためには、経営管理職からの情報を正しく評価できるだけの専門知識を持った社外取締役が必要だ。さらに、その取締役たちは、自分たちが得ていない情報について、なにを訊ねたらいいかがわかっていなければならない。薬剤給付管理会社（ＰＢＭ）のメドコの例を考えてみよう。メドコが大手医薬品会社メルクの傘下にあったころ、患者からの支払いを売上として計上していたが、支払いは処理されたあとに保険会社に送られるだけで、実際にはメドコの懐に入っていなかった。メルクの監査委員会の大物取締役たちは、メドコの株式上場準備に入るまで、この慣習に気づいていなかった。社外取締役のなかにひとりでもこの分野の専門家がいれば、ＰＢＭのこうした売上計上の慣習を知っていたはずだし、それが適正か――メルク側に不備はないか――を見直したはずである。

監査委員会は、会計処理が業界の標準的な慣習から逸脱している場合や、会計原則に従った別の処理法がある場合には、そう指摘するよう社外監査役に強く求めるべきである。どちらの場合にも、社外監査役は取り得る代替案のリスクとメリットを細かく分析して委員会に提案しなければならない。

C　時間のコミットメントを増やす

金融危機よりもずっと以前から、シティグループの取締役会は年におよそ七回ミーティングを開き、丸一日をその会合にあてていた。それ以外に、電話会議を頻繁に行ない、そのたびに数時間は話し合っていた。事前に書類を読む時間などを入れると、シティグループの社外取締役は、移動時間を除いても年間に平均およそ二〇〇時間を取締役会関係の仕事にあてていたことになる。シティグループのような複雑なグローバル企業の業務を理解するのに、これは充分な時間だっただろうか？　答えは明らかにノーである。

銀行業務の経験がある取締役でさえも、事業の現状を常に把握して取締役会にしっかり貢献するには、定期的な取締役会のほかに少なくとも月に二日は必要だろう。事実、月に二日というのは、私が取締役を務めたカナダの大企業の監査委員会の委員長が費やす時間である。この取締役は引退した会計士で、比較的頻繁にこの会社を訪れていた。訪問するときには経営陣に事前に知らせ、財務部門のさまざまな階層の社員と自由に話していた。彼はまもなく社の財務をしっかりと把握し、重大事項がかならず監査委員会に持ち込まれるようにした。そこではじめて、監査委員会のメンバーは、元国防長官ドナルド・ラムズフェルドの言葉を言い替えると、「それまで知らなかったことを知る」ようになったのだった。

大企業の社外取締役は、年に一度は本社以外の現場で取締役会を開くからという理由で、業務について特別な知識があると思い込む。こうした現場見学を開いていた元経営者の立場から、私はそうとはかぎらないと思っている。社外取締役が現場で話を聞く社員は、たいてい事前に何度もリハーサルを行なっている。現場見学が計画どおりなら、取締役が見聞きするのは、経営陣が与えたい情報だけだ。

会社を知る近道などない。取締役は、いまよりもはるかに長い時間を注ぎ込んで事業を学び、その会社に影響する内部の出来事や外部の状況を監視する必要がある。もちろん、ひとつの会社に費やす時間が延びれば、ほかの会社の取締役会に注ぎ込む時間は短くなる。現在、社外取締役は四社から五社を掛け持ちすることが許されているが、二社に制限すべきである（ただし、非営利の理事会などは例外としていい）。

これらがすべて実現されれば、業界の専門知識を持ち、充分な時間を注ぎ込んで上場大企業をしっかりと理解し監視するプロの取締役という新しい層ができる。取締役の仕事はおまけではない。それが本業であるべきなのだ。

D　プロの取締役会への障害

プロの取締役会の形式は、現在の法律における取締役会の形から大きく逸脱する。したがって、これは実践面でも法律面でも反論を呼ぶだろう。もっとも重大な四つの反論を見てみよう。

1　プロの取締役はなかなか見つからない

専門経験の豊富な社外取締役を見つけるのは簡単ではないだろう。いちばんの適任者はライバル会社に勤務しているはずなので、専門性があっても取締役にはなれない。また、大企業の経営者はプロの取締役として充分な仕事をする時間がない。

その結果、ほとんどの社外取締役は引退したエグゼクティブということになる（その会社の元経営幹部は除く）。この候補者の層はそれなりに厚い。六〇歳前後で引退した健康なエグゼクティブで、望ましくはパートタイムで働き続けたいという人たちだ。彼らは、プロの取締役に最適の人材である。だいたい、だれが二五年も三〇年も毎日ゴルフ三昧の生活を送りたいだろう？

引退したエグゼクティブのなかからプロの取締役を雇い入れる場合、現在七〇歳や七二歳となっている強制退職年齢を廃止することも同時に行なうべきである。強制退職は、取締役の評価という難しいプロセスを避けるための方策にすぎない。一定年齢で自動的に放り出せば簡単だからだ。だが、これはとんでもない人材の浪費である――七五歳で見事な仕事をする取締役もいれば、六五歳でも会議中に居眠りばかりしている人もいる。

2　プロの取締役は報酬が高すぎる

プロの取締役は、現在の取締役よりも必死に働くはずだ――時間にすれば、おそらく二倍は働くだろう。しかも、彼らが取締役に就任できる営利企業は二社に限られている。したがって、プロの取締役には四〇万ドル――S＆P五〇〇社の現在の平均取締役報酬である二一万三〇〇〇ドルのほぼ倍額――を支払ってもおかしくない。高額に聞こえるが、取締役の報酬総額はそれほど増加しないだろう。というのも、取締役は一〇人、一二人、一六人ではなくたった六人で済むのだから。

それより悩ましいのは、四〇万ドルをどのような形で支払うかだ。S＆P五〇〇社の取締役は、報酬の平均五八パーセントを制限株やストックオプションの形で受け取り、残りを現金か福利厚生で受け取っている。プロの取締役には報酬の株式比率を上げることで、長期の株主利益と一致させるべきだろう。個人的には、株式比率を七五パーセントまで上げることを勧める。

3　プロの取締役は訴訟リスクの大きな役割は負いたがらない

プロの取締役は経営を積極的に監視することを期待されるため、もしなにか間違いが起きればより大きな訴訟リスクを背負うと思う人もいるだろう。たとえば、監査委員会の委員長が財務部の監視の中心的な責任を負うとすると、財務報告書に重大な誤りがあれば委員長がほかの取締役よりも大きな責任を負うのだろうか？　監査委員長が誤りを知っていたのでなければ、その答えはまったく「ノー」である。

法廷は、善管注意義務原則にしたがって、社外取締役が誠実に仕事を遂行しなかった場合にのみ刑罰を科す。たとえば、事実や法律問題を慎重に考慮しなかった場合や、怠慢から必要な外部専門家の助言を求めなかった場合、また合理的な決定を下すために充分な時間を費やさなかった場合などだ。プロの取締役は現在行なわれているよりも適正評価に時間をかけるため、実際には誠実に行動したことをよりはっきりと証明できるはずだ。

４　プロの取締役は業務の邪魔になる

私の提言に対するもっとも重大な反論は、これによって取締役と経営陣の役割分担があいまいになるというものだろう。取締役会の役割は、企業の戦略的な目標を立て、その目標に対する進展を監視することだといわれる。たとえば、ＣＥＯの後継者探しや社外監査役の任命、敵対的買収への対応といった限られた分野では、はっきり決まった責任があるが、日常的な経営に口をはさむべきでないと思われている。

新しいモデルでは権限の一部が経営陣からプロの取締役に移ることになるが、だからといって取締役が日常業務を監視するわけではない。新しい取締役会のもとで監査委員会がどうなるかを考えてみよう。現在の監査委員会と同じく、新しい監査委員会も四半期ごとに会合を開き、財務諸表やプレスリリースを見直すことになるだろう。また、内部統制の評価も毎年行なうことになる。委員は、社内外の監査役、最高財務責任者（CFO）、最高コンプライアンス責任者（CCO）などと個別に話し合いの場を持つ。それらに加えて、新しいモデルのもとでは、プロの取締役が、取締役会以外の時期にも年間を通して情報を収集し、スタッフやその他の人々と関わりを持つことになる。プロの取締役は、こうした話し合いを通してその会社の財務的な課題をより深く理解する。四半期ごとに三時間だけ監査委員会の会合に出るだけではわからないことが、わかるようになるのである。プロの取締役は社員に細かな指示を出すのではなく、委員会の俎上に載せ意思決定を下すべき重大な財務の問題を発見することに努める。

E 結論

要するに、私の唱えるプロの取締役モデルは、重大な判断ミスの背後にある三つの要因に直接対応するものである。新しいモデルでは、取締役の人数を七人までとする。経営陣のなかで取締役会に入るのはCEOだけで、残りは全員社外取締役とする。社外取締役のほとんどは、その会社の本業に関する豊富な専門知識を備えることとし、定期的な取締役会のほかに少なくとも月に二日は取締役としての仕事を行なう。

新モデルの方がいいとわかってはいても、それをどのように上場企業に導入させられるのか疑問に思う人もいるはずだ。経営陣の権限の多くを取締役に移すようなモデルを自分から進んで取り入れようというCEOはあまりいないだろう。したがって次の三つのうちのいずれかが起きなければ、企業に新しいモデルを導入させることはできない。

ひとつは、政府規制当局が、銀行法に基づいて安全性と健全性の確保のために大手銀行にこのモデルの導入を義務づけることである。経営者が過度のリスクをとらないよう手足を縛る権限を取締役に与えるのであれば、取締役は金融経験の豊富な人物でなくてはならず、取締役会以外でも銀行業務に多くの時間を費やす必要がある。

次は、株主が共同で声を上げ、新しいモデルを取り入れるよう企業に圧力をかけることである。業績不振が続いている大企業にとっては、プロの取締役の力が大きな助けになるはずで、これは株主が力を注ぐには最適な分野だと思われる。

最後に、勇気と自信を兼ね備えた、健全な企業のCEOなら、実際にこの新しいモデルを試してみようと思うかもしれない。これまでも、CEOが大きな変革を主導した例は少なくない。過半数ルールの導入も、少数の先見の明のあるCEOの取り組みから始まった。新モデルの導入によって利益や株価が上がれば、このモデルを導入する企業が広がるに違いない。

＊Modified from Robert C. Pozen, "The Case for Professional Boards," *Harvard Business Review* 88, no. 12 (December 2010): 50–58.

付録2　ボストン弁護士財団でのスピーチ（二〇〇〇年）

すばらしいご紹介にあずかり、感謝します、ジョエル。本年度のボストン弁護士財団の社会奉仕賞の受賞者に選んでいただいたことを心から光栄に思います。働きづめでありがたがられることもないのが弁護士ですが、そのなかで地域社会に手を差し伸べ、さまざまな社会貢献のプロジェクトを支援しているこの財団が選ぶ賞は、私にとってとりわけ意味のあるものです。

私は、この財団が行なっているボストンの低所得者地域に住む子供のための活動に、とくに感銘を受けました。この地域の子供たちは、財団が提供する経済支援や個人的な指導を必要としています。私は子供時代の経験から、ロールモデルの大切さがよくわかります。

私にはすばらしいお手本がいました。兄のマイケルです。

まず、マイケルの困難な子供時代と、兄の医師としての活躍についてお話しさせて下さい。次にマイケルのキャリアからいくつかの教訓を導きたいと思います。それから、マイケルの人生の教訓を、家庭や学校で困難に直面する多くの子供たちへのメッセージにしたいと思います。

マイケルは五歳にもならないときに、唇と口蓋の再建手術を何度も受けました。生まれつきの障害のために、マイケルは話し方のセラピーに通い、顔の傷と闘わなければなりませんでした。どちらも彼の心の大きな痛手となりました。兄が七歳か八歳のころ、言葉がわかりづらかったためにほかの子供たちからからかわれていたことをよく憶えています。一六、七歳になると、兄のガールフレンドの両親が、障害が孫に遺伝するのではないかと恐れてふたりを引き離したことも忘れられません。

マイケルは高校時代を生き延び、大学に進学し、その後医師になる夢をかなえるためにメディカルスクールに入学しました。最初の二年間は味もそっけもない理系の授業に興味を持てず苦労しました。ですが、臨床研修のローテーションに入った最後の二年間でスターになりました。マイケルは患者さんに献身的に尽くし、患者さんたちから愛される存在になったのです。兄は、夏の間ニュージャージーで野菜の収穫を行なう移民たちのために外来診療プログラムを立ち上げました。傑出した働きぶりを見せたマイケルはジョンズ・ホプキンス大学のロバート・ウッド・ジョンソン奨学生となり、心臓外科の研修医として働きながら、公衆衛生の博士号を取得しました。

その後マイケルはボストンに移り、教鞭をとり、家族を持ちました。ボストンでの兄は各方面で目覚ましい活躍を見せました。ボストン市立病院では、救急車で事故現場へ向かう救急隊員の専門集団を立ち上げ、研修を行ないました。いまでも毎春、その年もっとも活躍した救急隊員にマイケル・ポーゼン賞を授与しています。また、マイケルは仲間の医師とともに、救命室で胸痛を訴える患者への処置法を研究するプロジェクトを立ち上げました。兄たちの研究がきっかけで、胸痛患者への最適な処置法を判断するためのコンピュータプログラムができました。その間も、マイケルは病院でものすごい数の患者を診察していました。兄は、深夜に心臓発作を起こした患者を往診する数少ない医師のひとりでした。

だからこそ、まだ三六歳だったマイケルが、ある晩眠ったまま心臓発作で目を覚まさなかったことは、皮肉な悲劇でした。徹底的な解剖によっても、原因はわかりませんでした。心臓疾患は見当たらず、ただ心臓が突然止まってしまったのです。私個人は、それまで表に出なかった生まれつきの障害があったのではないかと思っています。

マイケルには妻と三歳と七歳になるふたりの息子がいました。義姉は献身的に息子たちを育て、私も父親がわりになるよう努めました。ふたりは父親の早すぎる死にも負けず、いまでは立派に成人し、公私ともに非常に成功しています。

マイケルの話は悲劇ではありますが、彼の人生から学ぶべきことがあると思います。

ひとつ目は、生まれつき障害やハンディキャップを持つ子供たちへの希望のメッセージです。兄は子供のころなにを言っているかわからないと思われていましたが、メディカルスクールでは講義を行なえるまでになりました。生まれつき目に見える障害がありながらも、結婚してハンサムなふたりの息子に恵まれました。

次は、幼くして親を失なう子供たちをもっと気にかけるべきだという、私たち全員へのメッセージです。こうした子供たちは支えや励ましがもっとも必要な時期、人生の糧を大人に頼らなければならない時期に、それができない状況に置かれるのです。

アメリカの子供たちは、死別だけでなく多くの理由で、幼くして親を「亡くし」、片親家庭で育ちます。残念ながら、そうした家庭はますます増える傾向にあります。つい一九六〇年には、アメリカ全体の新生児の五パーセントが未婚の母から生まれていました。一九七〇年までにはこうした新生児は全体の一一パーセントに拡大しました。一九八〇年代の半ばまでにこの数字はふたたび倍増し二二パーセントにのぼりました。一九九六年までには、三人にひとりが未婚の母のもとに生まれています。

別の角度からこの問題を見てみましょう。一九七〇年には一八歳未満の子供の一一パーセントが片親家庭で育っていました。一九九八年までには二八パーセントがそうでした。その大半は母子家庭です。ですがシングルマザーだけが問題ではありません。国勢調査局によると、シングルファーザーは一九九五年から一九九八年までに二五パーセント増加し、二〇〇万世帯以上にのぼります。

片親家庭の子供の多くは問題なく育ちます。ですが、そうでない子供たちもたくさんいるのです。私たちはそうした子供たちに手を差し伸べなければなりません。片親家庭で成長することによる心の問題、教育の問題、経済的な問題を抱えている子供たちに。

もうひとつ申し上げたいのは、私たちはみな自分の生活、仕事、家庭の日々のプレッシャーで頭がいっぱいになりがちだということです。一歩引いて自分のオフィスや地域の外に目を向け、自分の職業や業界の外で起きていることに思いを向ける必要があります。投資業界にいると、業績発表や中央銀行のコメントばかりに気が向きますが、私たちの気づかないところにとても大切な問題が存在しているのです。

ボストン弁護士財団が地域社会に手を差し伸べ、助けが必要な子供たちに応えていることに賛辞を贈りたいと思います。これは大切な仕事です。今夜ここで話題となった子供たちは、五年後、一〇年後、二〇年後に、私たちの顧客に、クライアントに、社員になっているでしょう。この子供たちは、どこか遠い国の子供たちではありません。どこかの知らない施設にいる子供たちではないのです。彼らは私たちみんなの子供なのです。そして私たちが今日行なっていること、つまり自分たちの子供として導いてあげることは、彼らの人生を計り知れないほど助けることになるでしょう。

ここにおいでのみなさん全員が、この財団の活動への寛大なご支援を継続して下さるよう、心からお願いいたします。

謝辞

多忙な日々のなかで、本書の初期の原稿に目を通してくれた友人と仕事仲間に心から感謝したい。彼らのフィードバックと具体的な指摘は、本書を仕上げるにあたって本当に役立った。ベス・アーギー、レナ・ゴールドバーグ、テレサ・ハマチャー、ジェレミー・ケイガン、ピーター・カウフマン、ローレン・パイル、リッチ・ウィーゼルの七人に感謝を贈る。ジェイムズ・レヴィンは読者として私を支えてくれただけでなく、エージェントとしてもすばらしい仕事をしてくれた。

編集を手伝ってくれたキャシー・ホロブには特別の感謝を贈りたい。彼女の力によって、本書はより簡潔にまとまり、読みやすいものになった。

編集段階の原稿を見直してくれたみなさんにも感謝している。サラ・ペトラス、レイチエル・ブランウェン、キャサリン・ミスキウィクス、モーリーン・リアリー＝ジェイゴ、メアリー・エレン・ハモンドへ、感謝の気持ちを贈りたい。

MFSインベストメント・マネジメントに、なかでも、事務作業に手を貸してくれたコートニー・マホニーに特別の感謝を贈る。

最後に、才能あふれる私の調査アシスタントであるルーカス・グッドマンに、最高の賛辞を贈りたい。ルーカスは多種多様な話題を調査し、図表の下書きをし、校正を原稿に反映してくれた。しかも、これらすべてを素早く手際よく集中して行なってくれた。まさに個人の生産性のすばらしいお手本である。

訳者あとがき

このロバート・C・ポーゼンという著者、ただ者ではない。ハーバードを最優秀の成績で卒業し、イエールのロースクールに進学。学者の道を進むが、その後、証券取引委員会（SEC）、弁護士事務所を経て、世界最大の投資顧問会社フィデリティの副会長となった。その後、アメリカでもっとも伝統ある資産運用会社の一社MFSの会長として、スキャンダル後の立て直しに成功。その間もハーバード・ビジネススクール等で教鞭をとり、当時のミット・ロムニー知事に乞われてマサチューセッツ州の経済対策長官を務め、SECの財務報告改善委員会の委員長としても活躍した。しかも、この五年で三冊の本を執筆し、名だたる新聞や雑誌に一〇〇本にものぼる記事を発表している。それほど忙しく仕事に打ち込んでいたら、私生活などないはずだと思いきや、三五年間連れ添ってきた奥様と二人の子供たちに恵まれ、幸せな家庭を築いている。

こんなスーパーマン（スーパーウーマン）になるには、どうしたらいいのだろう？　いや、ここまでにはなれなくても少しでも近づきたい、爪の垢でも煎じて飲みたいという人々の期待に応えて書かれたのが、本書『ハーバード式「超」効率仕事術』（*Extreme Productivity: Boost Your Results, Reduce Your Hours*）である。

ここまでものすごい経歴なら、さぞかし真面目で細かくて厳しい人に違いないと思いきや、意外にそうでもない。勤勉であることは間違いないが、ポーゼン流は意外とおおざっぱなのである。だが、おおざっぱなだけの人がフィデリティの副会長になれるはずはない。そこには、彼が実践してきたなんらかの方法論があるはずだ。

彼の仕事術の基本は三つ。目標を立て、優先順位をつける事。最終的な結果を念頭に置くこと。雑事に手間をかけないことだ。そして大切なのは、優先順位に従って、時間を配分することである。優先順位の低いことや目標とまったく関係のないことに時間をかけるな、ということだ。ポーゼン氏は、目標と関係ない会議には出なくていいし、大切でない仕事は合格点すれすれでいいから、いちばん重要なことに時間を使えというのである。当たり前といえば当たり前なのだが、私のような凡人にはなかなかこれができない。そもそも、私などは自分の目標がなにか、どれを優先したらいいのかさえよくわからない始末だ。

そんな私のような凡人のために、本書は目標の立て方、優先順位のつけ方を丁寧に教えてくれる。優先順位と時間配分のミスマッチをどのように見つけ、それをどう正したらいいかも、アドバイスしてくれる。そして、時間節約のためには、ちょっとしたことはその場で片づけろ、と叱ったりもしてくれる。先延ばし常習者のために、対策も書いてある。耳の痛いことだらけである。

でも、そんなに効率を上げてどうするの？　というそこのあなた。それは、実りある人生を送るためなのです、とポーゼン氏は言う。短時間でより多くの成果があげられれば、仕事で成功できるだけではない。時間を節約した分、家族や友人や大切な人と時間を過ごせる。趣味に使う時間もできる。仕事に追われる人生ではなく、自分から周りの環境をマネジメントすることで、仕事と人生の支配者になる。それがポーゼン流仕事術、いやポーゼン流処世術だといえるかもしれない。社会に出たばかりでこれから目標を決めるあなたも、いくつものプロジェクトをかけ持ちする管理職のあなたも、家族ともっと一緒に過ごしたいと思っているあなたも、本書からなにか得るところがあれば幸いである。

＊　＊　＊

単行本を翻訳して以来、私自身ができる限り取り入れているポーゼン流仕事術がひとつある。八時間睡眠だ。毎日絶対八時間というわけにはいかないものの、コンスタントに充分な睡眠がとれていると、翻訳のスピードが驚くほど上がる。寝る時間を削らないことを前提にスケジュールを立てると、自然に先延ばしをしなくなる。制限時間内に仕事を終わらせようとすれば、雑事を手早く済ますことにもつながる。いいことだらけである。お金も手間もかからない、これぞ超簡単効率アップ術だ。是非お試しいただきたい。

最後に、本書を翻訳する機会を下さった早川書房の山口晶氏、また編集者としてまさに「超」効率仕事術のお手本を見せてくれた東方綾氏、また文庫本発行にあたって貴重な気づきを与えてくれた金田裕美子氏に心から感謝したい。

関　美和

二〇一五年二月

本書は、二〇一三年七月に早川書房より単行本として刊行された作品を文庫化したものです。

予想どおりに不合理

——行動経済学が明かす「あなたがそれを選ぶわけ」

Predictably Irrational

ダン・アリエリー
熊谷淳子訳

ハヤカワ文庫NF

行動経済学ブームに火をつけたベストセラー！

「現金は盗まないが鉛筆なら平気で失敬する」「頼まれごとならがんばるが安い報酬ではやる気が失せる」「同じプラセボ薬でも高額なほうが利く」——。どこまでも滑稽で「不合理」な人間の習性を、行動経済学の第一人者が楽しい実験で解き明かす！

ファスト&スロー（上・下）

——あなたの意思はどのように決まるか？

Thinking, Fast and Slow

ダニエル・カーネマン

村井章子 訳

友野典男 解説

ハヤカワ文庫NF

心理学者にしてノーベル経済学賞に輝くカーネマンの代表的著作！直感的、感情的な「速い思考」と意識的、論理的な「遅い思考」の比喩を使いながら、人間の「意思決定」の仕組みを解き明かす。私たちの意思はどれほど「認知的錯覚」の影響を受けるのか？　あなたの人間観、世界観を一変させる傑作ノンフィクション。

訳者略歴　翻訳家　慶應義塾大学文学部卒業，ハーバード・ビジネススクール MBA 取得　訳書にイズデル&ビーズリー『コカ・コーラ　叩き上げの復活経営』，アーウィン『マネーの支配者』（以上早川書房刊），ティール&マスターズ『ゼロ・トゥ・ワン』ほか多数

HM=Hayakawa Mystery
SF=Science Fiction
JA=Japanese Author
NV=Novel
NF=Nonfiction
FT=Fantasy

ハーバード式《しき》「超《ちょう》」効率仕事術《こうりつしごとじゅつ》

〈NF425〉

二〇一五年三月　十　日　印刷
二〇一五年三月十五日　発行

（定価はカバーに表示してあります）

著　者　ロバート・C・ポーゼン
訳　者　関《せき》　美《み》　和《わ》
発行者　早　川　浩
発行所　株式会社　早川書房

郵便番号　一〇一－〇〇四六
東京都千代田区神田多町二ノ二
電話　〇三－三二五二－三一一一（大代表）
振替　〇〇一六〇－三－四七七九九
http://www.hayakawa-online.co.jp

乱丁・落丁本は小社制作部宛お送り下さい。
送料小社負担にてお取りかえいたします。

印刷・株式会社亨有堂印刷所　製本・株式会社川島製本所
Printed and bound in Japan
ISBN978-4-15-050425-0 C0134

本書は活字が大きく読みやすい〈トールサイズ〉です。